LE LIVRE

DE LA CONQUESTE

DE LA

PRINCÉE DE LA MORÉE.

LIVRE

DE LA CONQUESTE

PUBLIÉ POUR LA PREMIÈRE FOIS

D'APRÈS LE MANUSCRIT DE BRUXELLES

PAR BUCHON.

SUR LE LIVRE

DE

LA CONQUESTE.

Les diverses relations des Occidentaux, et en particulier la narration si vive, si consciencieuse, si animée de notre vieux chroniqueur français, le maréchal de Champagne et de Romanie, Geoffroi de Ville-Hardoin, nous font très-exactement connaître et l'avant-scène, et le développement, et la péripétie de ce grand drame de la quatrième croisade, qui s'ouvre à Ecry en Champagne par un tournoi où, au cri de *Dieu le veut!* de grands feudataires de Flandre, de Champagne et de Bourgogne, redoutant le châtiment de leur révolte, cherchent à désarmer par un pèlerinage au Saint-Sépulcre le juste courroux de Philippe-Auguste, et qui se clôt dans l'église Sainte-Sophie de Constantinople par l'intronisation de Baudoin de Flandre sur le siége impérial des Comnène, par la domination des conquérants francs sur l'empire grec, et par le triomphe de la vieille Rome latine sur la nouvelle Rome byzantine. Les récits des chroniqueurs byzantins, et surtout celui de Nicétas Choniates, contemporain et spectateur de cette grande révolution, en complètent l'histoire, en nous représentant sous leur propre point de vue tout ce qui se passait dans les rangs des Grecs. Quand les cris de détresse des vaincus eurent été couverts par les cris de triomphe des vainqueurs, quand eut commencé à renaître, dans un morne silence, cet ordre apparent que la terreur du conquérant impose, alors seulement put s'opérer lentement

a.

et difficilement le travail d'élaboration du nouvel empire
franc. Les différences des races, des religions, des langues,
des lois, des mœurs, multipliaient sans fin les obstacles;
et ces luttes d'organisation, avec leurs progrès et leurs
revers, luttes si intéressantes, si fructueuses à étudier, sont
précisément l'époque historique sur laquelle nous avons
le moins de révélations. Les conquérants francs établis en
Grèce avaient trop à faire afin de s'assurer la domination
des terres qui leur étaient échues dans le partage de l'empire, pour songer à manier la plume au lieu de l'épée; et
ceux même d'entre eux qui, comme Conon de Béthune,
Geoffroy de Ville-Hardoin le jeune, Hugues de Saint-
Quentin, Robert de Blois, Jean comte de Brienne, s'étaient
le plus distingués par la grâce de leur poésie sur la terre
de France, n'étaient plus occupés qu'à commander des
chevauchées, des siéges et des batailles, ou à siéger comme
juges dans les cours féodales. Ceux des Francs qui avaient
abandonné l'empire gréco-latin pour retourner en Occident, suivaient bien de loin avec intérêt les mouvements
convulsifs des nouveaux états; mais pendant tout le
XIIIe siècle, il y eut des luttes trop vives à soutenir en Occident, avec la guerre entre Philippe-Auguste et Othon à
Bovines, avec la croisade contre les Albigeois, avec les deux
expéditions de saint Louis, avec la lutte des papes contre
les derniers rejetons de la maison de Souabe, avec la conquête du royaume de Naples et de Sicile par Charles d'Anjou, avec les Vêpres siciliennes, avec l'anathème de Pierre
d'Aragon et l'invasion d'Espagne par Philippe-le-Hardi,
pour qu'on portât un regard bien attentif sur les détails
de l'organisation intérieure des trois états francs cons-
titués sur les débris de l'empire byzantin : l'empire de
Constantinople, le royaume de Salonique et la principauté
d'Achaïe. Les historiens grecs de l'empire de Nicée,
quoique plus rapprochés du théâtre des événements et

plus intéressés à en étudier toutes les crises, étaient de leur côté trop occupés de leurs querelles religieuses et des débats de famille et de territoire entre les divers chefs grecs de Nicée et de Trébizonde, puis de Thessalie et d'Épire, pour mentionner jamais leurs voisins les Latins, qu'à l'occasion de leurs conflits avec eux.

Les seigneuries franques d'Asie, telles que le duché de Nicomédie, furent les premières des conquêtes latines qui rentrèrent dans les mains des Grecs.

En Europe, un roi bulgare, Jean Asan, avait maintenu contre les Francs l'indépendance de son royaume récemment arraché à la domination des empereurs grecs, et un descendant des Comnène s'était créé dans le despotat d'Epire une nouvelle souveraineté indépendante. Entre ces deux puissants adversaires, le royaume franc de Salonique n'avait pu avoir qu'une courte et faible existence, et l'histoire de ce royaume n'est guère que l'histoire de ses guerres, d'abord contre les deux empereurs de Constantinople, Baudoin de Flandre et Henri, et ensuite contre les dynastes grecs et bulgares. L'empire franc de Constantinople lui-même tarda peu à disparaître; et avant qu'on eût eu le temps d'enregistrer autre chose que sa première organisation, sans en pouvoir suivre la marche, les Grecs, par leur reprise de possession de 1261, en avaient effacé tous les vestiges.

Un seul état franc, la principauté d'Achaïe, restait debout. Jusque-là cet état n'avait été que trois fois en collision avec l'empire grec : une première fois au moment de sa constitution en souveraineté franque, dans les années 1205 et 1206; une seconde fois en 1238, lorsqu'un secours naval opportun, de Geoffroy II de Ville-Hardoin, vint dégager Constantinople et les Francs, assiégés par les forces réunies de l'empereur de Nicée et du roi de Bulgarie; une troisième fois en 1259, lorsque le prince Guillaume de

Ville-Hardoin, traîtreusement abandonné par son beau-père Michel Comnène, despote d'Arta, qui l'avait appelé à son secours dans sa guerre contre l'empereur de Nicée, fut fait prisonnier avec quelques-uns de ses plus illustres chevaliers, et forcé d'ouvrir pour la première fois à l'empereur grec un dangereux accès dans sa principauté de Morée, en lui cédant trois des places fortes du Magne.

Comment, pendant toute cette première époque, s'était constituée, organisée, gouvernée la principauté française d'Achaïe, et comment elle put trouver en elle-même des ressources suffisantes pour la mettre en état de lutter contre les difficultés de cette nouvelle position et d'en triompher : c'est ce que ne nous avaient appris ni les écrivains grecs, ni les écrivains occidentaux publiés jusqu'à nos jours. Les premières lueurs jetées sur l'obscurité de cette époque, nous les devons à la *Chronique métrique grecque anonyme de Morée.*

Les bibliothèques publiques d'Europe renferment quatre manuscrits, jusqu'ici connus, de cet ouvrage.

La Bibliothèque royale de Paris possède deux de ces manuscrits : le n° 2898 et le n° 2753. Celui qui est coté n° 2898 est d'une écriture du xive ou xve siècle, sur papier, et a appartenu à Henri II, dont il porte le chiffre entrelacé à celui de Diane de Poitiers. Les vers sont écrits à la suite l'un de l'autre, à peu près comme de la prose. Le récit de l'auteur grec anonyme s'étend depuis la première conquête de Constantinople et de la Morée jusqu'à la guerre de Florent de Hainaut, prince d'Achaïe, dans le despotat d'Arta, en 1292 ; mais ce récit est parfois obscurci par bon nombre de lacunes, tantôt de quelques vers seulement et tantôt d'un passage entier, et par quelques transpositions de faits qui ne peuvent être attribuées qu'au copiste. Le n° 2753 n'est qu'une copie fort moderne et fort incorrecte du premier, exécutée par un copiste tout à fait étranger à la connaissance de la langue grecque.

Un autre manuscrit que j'ai examiné dans la bibliothèque de Berne est une copie beaucoup meilleure du même manuscrit d'Henri II. C'est un in-4° de 226 pages, coté 509, et provenant de la bibliothèque particulière du savant Bongars, auteur de la curieuse collection intitulée *Gesta Dei per Francos*. On y retrouve les mêmes lacunes et les mêmes transpositions que dans le manuscrit 2898 de Paris, avec seulement quelques rectifications du copiste, écrites en marge de la main de Bongars.

J'ai publié en 1825 une traduction française de cette *Chronique grecque anonyme de Morée*, d'après le manuscrit de Paris, 2898, en y joignant le texte grec du prologue ; et en 1840 j'ai publié pour la première fois le texte grec de ce manuscrit dans son entier, en l'accompagnant de ma traduction, que j'avais revue avec soin, et en cherchant à éclaircir encore ce texte à l'aide de bon nombre de notes historiques et géographiques. La copie du manuscrit grec avait été faite pour moi, avec le plus grand soin, par mon ami M. Christodoulos Clonarès, aujourd'hui président de la cour de cassation à Athènes, et terminée par son frère Constantin Clonarès. J'ai eu l'honneur d'offrir ce manuscrit à S. A. R. M. le duc d'Orléans, dans la bibliothèque duquel il se trouve aujourd'hui.

Un quatrième ms., de la bibliothèque de Copenhague, offre une leçon toute différente de la leçon des mss. précédents. S. M. le roi de Danemark a bien voulu l'année dernière me le confier pendant quelques mois en communication à Paris ; et je l'ai soigneusement collationné, vers pour vers, avec mon édition du manuscrit de Paris. La leçon du manuscrit de Copenhague est de beaucoup la plus exacte et la plus complète : toutes les lacunes du manuscrit de Paris sont comblées ; toutes les transpositions de faits sont rectifiées :

seulement l'orthographe grecque en est déplorable et varie d'une phrase à l'autre. Les quelques feuillets qui manquent dans le cours du volume n'entraînent aucune lacune sensible dans la narration, qui, dans ces passages, est donnée d'une manière assez exacte par le manuscrit de Paris. Mais cette narration se termine, comme celle du manuscrit de Paris, avec la guerre de Florent de Hainaut dans le despotat d'Arta, en 1292, en y ajoutant seulement quelques détails de plus. Le complément de ces nombreuses lacunes et le redressement de ces transpositions de faits m'ont semblé assez importants pour mériter au manuscrit de Copenhague une publication séparée et complète. J'en ai fait la copie, et je la publie dans son intégrité et conformément au manuscrit, dans mon deuxième volume.

Un autre écrivain grec avait aussi mentionné la série des faits relatifs à l'établissement des Français dans la principauté d'Achaïe; c'est le chronographe Dorothée, archevêque de Monembasie, dont l'ouvrage intitulé : Βιβλίον ἱστορικόν, a eu trois éditions en un volume in-4° : l'une de 1685; l'autre de Venise, 1743; et la troisième aussi de Venise, en 1786. A la fin de ce volume, se trouve comme en supplément, avec le titre : Περὶ τοῦ ποτέ ἐπήραν οἱ Φράγγοι τὸν Μωρέαν, un abrégé succinct des mêmes faits qu'on lit avec leur développement dans la *Chronique grecque anonyme de Morée*. Est-ce à cette source grecque qu'a puisé Dorothée, ou est-ce à une autre source restée jusqu'ici inconnue ? C'est ce qu'il est fort difficile de préciser.

Cette autre source restée jusqu'ici inconnue est celle dont il me reste à parler.

La Chronique grecque anonyme de Morée mentionne, sous la désignation de Βιβλίον τῆς Κούγκεστας, *Livre de la Conquête*, désignation toute française, un ouvrage dans lequel sont racontés tous les faits relatifs à l'établissement français, et qui lui aurait, à ce qu'il semble, servi de guide.

Le *Liber consuetudinum imperii Romaniæ*, publié par Canciani (1), en parlant du départ de l'empereur Baudoin II de Constantinople pour l'Occident, mentionne aussi, comme la source où il puise ses renseignements, un ouvrage qu'il désigne sous ce même titre de Livre de la Conquête : « Ei parse, e si andò in ponente, come in lo *Libro della Conquista* apertamente si declara. »

En faisant remarquer, dans mon édition de 1840, cette désignation à forme étrangère et identique, donnée par les Assises de Romanie et par la Chronique métrique grecque, et en même temps les erreurs chronologiques que les deux ouvrages adoptaient en commun, j'avais été amené à conclure : que tous deux avaient eu pour guide le même ouvrage, écrit en Grèce sur cette conquête, et que cet ouvrage devait avoir été écrit en langue française. Il me restait à faire les recherches les plus minutieuses pour le retrouver, ou, si je n'y parvenais pas, pour retrouver dans les archives et bibliothèques étrangères, et sur le sol même de la Grèce, des monuments, des diplômes ou des traditions qui pussent jusqu'à un certain point compenser cette perte et suppléer à la lacune historique que les monuments existants ne m'avaient pas permis de combler.

____

(1) Un manuscrit des *Usanze di Romania* fait partie de la collection des mss. Foscarini, achetés des héritiers par le gouvernement autrichien et transportés à Vienne. Le manuscrit CXLIII, n° 6160, intitulé *Miscellanea*, contient ces *Usanze di Romania*, traduites des Assises de Jérusalem par Florio Bustron, l'auteur de l'Histoire de Chypre. Ce ms. commence ainsi : « Libro delle Usanze dell'imperio de Romania, ordinade et stabilide al tempo delli serenissimi signori, lo conte Baldoin de Flandres etc. Quando la santa citade de Jerusalem fù conquistada per li christiani, etc. » Il finit : « Ex autentico registro existente in cancellariâ ducali. Ego, Gasparus Acerbi, ducalis notarius, supradictam partem consultavi et in fidem me subscripsi. »

J'ai fait connaître dans mes *Nouvelles Recherches sur la principauté française de Morée* (1), qui forment la seconde partie de cet ouvrage, le résultat de mon investigation des archives d'Italie, de Sicile, de Malte et de Corfou ; j'ai cherché aussi dans mon *Voyage, séjour et études historiques dans la Grèce continentale et la Morée* (2), ainsi que dans mon *Voyage dans les îles de l'Archipel et de la mer Ionienne* (3), qui s'imprime en ce moment, à conduire le lecteur avec moi sur les ruines des châteaux francs et des églises latines. Pendant le cours de ce voyage en Grèce, un instant je conçus l'espérance de retrouver l'ouvrage original mentionné à la fois par la Chronique métrique grecque et par les *Uxance d'Achaïa*. Je m'exprimais ainsi, dans mon volume de voyage publié en 1843, à l'occasion de ma visite à Poursos en Acarnanie :

« Quelques renseignements, que j'avais puisés à Thèbes, m'avaient fait penser que, dans le monastère de Poursos, près de Vrachori (l'antique Agrinium), au pied de l'Arakynthe, dans les monts d'Acarnanie, je retrouverais quelques manuscrits relatifs à notre occupation féodale du pays. Un officier de stratiotes m'avait même dit y avoir vu un manuscrit dans lequel il présumait qu'étaient inscrites les distributions de terres. Je m'imaginai que ce pourrait être le fameux *Livre de la Conquête* (4), mentionné par la Chronique de Morée, et qui était, soit une chronique

---

(1) 2 vol. gr. in-8° et un atlas de 42 planches in-4°.

(2) 1 vol. in-18, en 1843.

(3) 1 vol. in-18, sous presse.

(4) Les Francs de Syrie avaient aussi une chronique qu'ils désignèrent sous le même nom de *Livre de la Conquête* : « Le roi Haimeris, de qui nous trouvons au *Livre dou Conquest*, etc. » (Assises de Jérusalem, ch. 213. f. 174 du ms. de Venise, Bibl. royale de Paris.)

de la conquête, soit un registre des fiefs (1). Un tel ouvrage avait trop d'intérêt à mes yeux pour que je ne bravasse pas les fatigues du plus long voyage pour le trouver. Je décidai donc qu'après avoir visité les Thermopyles, je me rendrais par Neo-Patras à Poursos (2). »

Je visitai en effet le monastère de Poursos. Les manuscrits me furent tous montrés ; les coffres contenant les archives me furent ouverts ; mais je n'y trouvai ni le *Livre de la Conquête*, ni le *Registre des fiefs*. Le manuscrit qui avait occasionné l'erreur du stratarque de Thèbes était un manuscrit de l'histoire de Georges Phrantzi, qui commence en effet son récit par quelques renseignements sur la principauté française fondée en Morée.

Forcé de renoncer à l'espoir de retrouver cet ouvrage en Grèce, je cherchai à compenser cette perte par la réunion d'un grand nombre de documents inconnus que je copiai dans les archives publiques et particulières de Grèce et d'Italie. J'en terminai la publication, aussi bien que la copie du manuscrit grec de Copenhague, et je me préparais aux nouveaux travaux nécessaires à la rédaction finale de mon *Histoire de la quatrième croisade*, lorsque, en parcourant le catalogue de la bibliothèque des ducs de Bourgogne, que vient de publier M. Maréchal, mes yeux s'arrêtèrent sur l'article suivant :

« Tome II, page 434.—Empire latin d'Orient, Morée, etc., n° 15702 ; Van Hulthem, 226. Titre : *De la conqueste de la Morée*. Commence : Pour recordance à tous ceaux qui sont et qui à venir seront, que, à mil cent et quatre ans puis la resurreccion de Nostre Seignor Dieu Jesus Crist, fu la con

---

(1) La Chronique métrique grecque emploie ce mot en le grécisant : τὸ Ῥετζίστρον.

(2) P. 218 de mon *Voyage dans la Grèce continentale et la Morée*.

queste dou très saint sepulcre de Jerusalem, que Godeffroy, le duc de Bullion, fu roys. A mil deux cens quatre ans après si fu la conqueste de Constantinople, que Baulduyns, le conte de Flandres, fu empereor; et la seconde anée après si fust la conqueste de la Morée. »

« Il est à regretter, ajoute le catalogue de Bruxelles, qu'il y ait des lacunes dans ce manuscrit, la première aux feuillets 35 et 36, la seconde aux feuillets 62 et 63 ; mais chaque fois le copiste, ou plutôt l'abréviateur, a eu soin d'en prévenir ses lecteurs. C'est ainsi qu'il écrit, au bas du feuillet 34 : « Cy endroit faillent deux feuilles. Pour ce j'ay leissié l'espace. »

« M. Barrois, dans sa *Bibliothèque protypographique de Bourgogne,* indique aussi, sous le n° 1552, un manuscrit semblable. Voici son texte : « Ung livre couvert de cuir noir, en papier, intitulé : Ce livre parle de la conqueste de la Morée. Commençant au second feuillet : « Li princes Philippe de Savoie, » et au dernier : « entrer. » Il n'y a pas de doute que ce livre ne provienne de la librairie primitive ; car il y a, fol. 2, « Li princes Philippe de Savoie, » et au dernier : « entrer. »

En lisant ces renseignements, ma pensée fut que ce manuscrit de la bibliothèque de Bruxelles pouvait contenir des faits nouveaux sur le règne de Philippe de Savoie en Morée. Tout ce qu'avait pu m'apprendre une étude attentive des documents des archives de Turin, c'était : l'époque de son mariage avec Isabelle de Ville-Hardoin, princesse d'Achaye, pendant le jubilé de 1300 à Rome ; l'époque de son départ pour la Morée, après qu'il eut fait, avec sa femme Isabelle, une courte visite dans ses états de Piémont ; et l'époque de son retour de Morée en Piémont, en 1304, après une donation, faite en Morée, en faveur de leur fille Marguerite. Aucun ouvrage historique, jusqu'ici connu, ne donne des notions sur l'existence de Philippe de Savoie dans la principauté de Morée pendant ces quatre années. L'énoncé du titre du manuscrit de Bruxelles me faisait espérer d'y trouver quelques détails, et je pensais qu'il pouvait bien se faire que ces détails s'étendissent au delà du règne de Philippe de Savoie en Morée, et jetassent quelque lumière sur ce qui s'est passé depuis l'année 1305 jusqu'à l'année 1333, où Jean de Gravina, époux forcé de Mathilde de Hainaut, fille d'un second mariage d'Isabelle de Ville-Hardoin, échangea avec Catherine de Valois, impératrice de Constantinople, ses fausses prétentions sur la principauté d'Achaïe pour le duché de Durazzo. Par là, j'espérais pouvoir compléter mes renseignements sur cette première époque de l'histoire de la principauté française de Morée, de 1205 à 1333, époque de conquête, de force et d'organisation, comme j'avais complété dans mes *Nouvelles recherches* les documents de la seconde époque, époque d'anarchie et d'affaiblissement progressif, depuis 1333 et depuis le règne de Catherine de Valois jusqu'à la conquête turque. Je me décidai donc à aller vérifier de mes yeux le contenu du manuscrit de Bruxelles.

Le manuscrit fut remis entre mes mains. C'est un volume de format in-4°, sur papier, d'une écriture cursive du quinzième siècle. Sur le revers de la couverture, qui est en parchemin jaune, on voit que ce volume, qui faisait partie de la bibliothèque d'André-François Jaerens, a passé ensuite dans la bibliothèque de C. Van Hulthem. Sur le revers du premier feuillet on lit : *Histoire des connestables et haules (sic) comtes de Flandres, commençant de l'an 1104 depuis l'incarnation de Notre Seigneur Jesu Christ.* Il n'est pas facile de deviner ce qui aura pu faire supposer au rédacteur de ce titre que c'était là une histoire des connétables et hauts comtes de Flandre. Il y est bien question, dans le prologue, de Baudoin, comte de Flandre, mais c'est en qualité d'empereur de Constanti-

nople; il y est bien question, dans le cours du récit, de
Florent de Hainaut, grand-connétable; mais c'était de la
Sicile, et non de la Flandre, qu'il était connétable. Quant
à la date de 1104, c'est celle qui est fournie par le premier
alinéa de la table, contenue sur les premiers feuillets; et
encore cette date est-elle fausse, puisque la prise de Jérusalem, mentionnée à cette date, n'est pas de 1104, mais
bien de 1099.

En haut du premier feuillet, et d'une écriture plus ancienne que le titre précédent, mais bien plus moderne
que celle du manuscrit, on lit : *Histoire de l'empereur de
Constantinople, Baulduin comte de Flandres.* Ce titre est
inexact aussi, car ce n'est que dans le prologue, et comme
une sorte d'exposition, qu'il est question de l'empereur
Baudoin Ier de Constantinople.

Au-dessous de ce titre commence le manuscrit par une
table de cinq pages et trois lignes, dans laquelle sont ré-
capitulés les principaux événements relatifs à l'empire de
Constantinople, ou plutôt à la principauté de Morée en
particulier, depuis la conquête de Constantinople en
1204, et la conquête de la Morée en 1206, jusqu'à la mort
de Philippe de Tarente, empereur de Constantinople et
mari de l'impératrice Catherine de Valois, en décembre
1332, et à la cession de la principauté de Morée par Jean
de Gravina, en 1333, à son neveu Robert, fils de Catherine de Valois, en échange du duché de Durazzo. On trou-
vera cette table en son entier, à la suite du texte de l'histoire, à la fin de ce premier volume.

Sur le revers du feuillet 3 se lit le véritable titre de
l'ouvrage, et de la même écriture que le corps du manuscrit :

*C'est le livre de la conqueste de Costantinople, et de l'em-
pire de Romanie, et dou pays de la princée de la Morée, qui
fu trovée en un livre qui fu jadis del noble baron, messire*

Bartholomée Guys, le grant conestable, le quel livre il avoit en son chastel d'Estives (1).

A la suite du dernier feuillet, qui commence en effet par le mot *entrer*, on lit, écrit de la même main que le reste de l'ouvrage : *Tant com j'ay trové, tant j'ay escrit de ceste conqueste de la Morée.*

Je commençai la lecture du texte. Quelle ne fut pas ma satisfaction, quand je reconnus les mêmes faits avec le même enchaînement et les mêmes développements qui se retrouvent dans la Chronique grecque anonyme de Morée! Je venais de copier deux fois le texte grec du manuscrit de Copenhague, et j'avais le tissu et les détails de la narration très présents à l'esprit. Pour acquérir une certitude plus complète, je pris mon édition du texte grec de Paris, et je comparai scrupuleusement les deux narrations. Il n'y avait pas à en douter : j'avais là, sous les yeux, ce *Livre de la Conqueste* que j'avais inutilement cherché au couvent de Poursos en Acarnanie et dans toute la Grèce. Les faits sont identiques, les réflexions sont les mêmes, les transitions du récit au discours et du discours au récit tout à fait semblables, et enfin la même exactitude historique et géographique pour les faits relatifs au pays s'y fait remarquer en même temps que les mêmes erreurs pour les faits étrangers ou éloignés. Une chose me frappa particulièrement. La Chronique métrique grecque, en énumérant les noms des feudataires français possessionnés en Grèce, défigure de telle manière ces noms propres que j'avais eu la plus grande peine à les reconnaître à travers cette transformation. Dans le texte français de Bruxelles que j'avais sous les yeux, je retrouvais au contraire ces noms

---

(1) Thèbes en Béotie.

reproduits avec leur forme réelle. Il était donc évident que
le rédacteur français ne les avait pas traduits du grec,
mais qu'il les avait donnés sous la forme qui lui était fami-
lière. D'un autre côté, la Chronique métrique grecque rend
aux noms de lieux d'origine grecque leur forme véritable,
et ne défigure que les noms de lieux d'origine française.
Je trouvai dans le texte français un tout autre procédé, et
suivi avec une aisance , une liberté, une science locale qui
conviennent seulement à un écrivain original et non à un
traducteur. Et en effet les noms de lieux de la Grèce ne sont
pas ici des altérations de la forme grecque, mais ce sont les
noms mêmes donnés par les Français , tantôt par une création toute nouvelle pour les villes bâties par eux , comme
Clair-Mont, *Beau-Fort*, *Beau-Veoir*, *Bel-Regard*, *Crève-
Cœur;* tantôt traduits du grec, comme l'*Isle* au lieu de *Nisi ;*
et tantôt défigurés seulement quand il s'agit d'anciennes
villes grecques, comme *la Glisière* pour Vlisiri , *la Cré-
monie* pour Lacédémone , *Estives* pour Thèbes, *Giton*
pour Zeitouni, *le Sigue* pour Zigos, *Rive d'Ostre* pour Livadostro , *la Serve* pour Servia , *Naples* pour Anapli, *Véli-
gourt* pour Véligosti, et tant d'autres. Ce choix si libre,
si indépendant, si exact dans les mots propres, plus encore que l'allure aisée de la narration, annonçait assez
l'œuvre d'un auteur original et non d'un traducteur.
L'exactitude mise dans l'énonciation des noms français, en
même temps que la parfaite connaissance de la géographie
française de la Grèce , et aussi certains mots et certaines
locutions françaises qui n'appartiennent pas à la langue
de la mère patrie , mais sont imitées tantôt du grec et tantôt de l'italien, prouvent que l'écrivain de cette chronique
était un Français né et élevé sur le sol grec. En publiant
la Chronique métrique grecque, que je croyais alors un ouvrage original et non une traduction, j'avais été frappé de
la tendance toute française et toute catholique des idées

de l'auteur, et j'avais émis l'opinion que ce devait être là
l'œuvre d'un de ces Gasmulins, Gasmules ou Vasmules (1)
dont parlent les auteurs byzantins, demi-Francs et demi-
Grecs, nés d'un père franc et d'une mère grecque, et ayant,
dit Pachymère, la prudente adresse de leurs mères grecques et le fougueux courage de leurs pères francs. Cette
tendance toute française devenait tout à fait naturelle, en
considérant le texte grec comme une traduction du Livre
français de la Conqueste.

En continuant mon examen comparé des deux textes
français et grec, je parvins, dans la lecture du manuscrit de
Bruxelles, à la guerre de Florent de Hainaut dans le despotat
d'Arta, en 1292, contre l'empereur et les Génois. Ici se terminent les deux manuscrits grecs de Paris et de Copenhague;
mais je n'étais encore arrivé, dans la lecture du manuscrit français, qu'à la moitié du feuillet 113, et j'avais devant moi jusqu'au feuillet 179. Je poursuivis ma lecture,
et vis que le récit continuait sans aucune interruption et
avec la même allure; et j'y trouvai, non-seulement la fin
de cette campagne d'Arta, mais une narration vive et
circonstanciée : de tous les événements qui se sont passés
en Morée jusqu'à la mort de Florent de Hainaut, de ceux
qui ont marqué le règne de sa veuve Isabelle de Ville-Har-

---

(1) *Vasmulo,* dans les lois données par les Vénitiens à Candie. Nicétas Choniates les appelle aussi Βασμοῦλοι. Pachymère les appelle
Γασμοῦλοι, et parle plusieurs fois de leur race hybride. Τῷ δέ γε Γασμου-
λικῷ, οὓς δὴ συμμίκτους ἡ τῶν Ἰταλῶν (les Francs) εἴπειε γλῶσσα (ἦσαν
γὰρ ἔκ τε Ῥωμαίων καὶ Λατίνων γεγεννημένοι), προσανεπαύετο ἐκπέμπων
ἐπὶ νηῶν (G. Pachym., l. 3, p. 188). Et ailleurs il les montre également
employés sur les flottes impériales avec les Tzacons : Οἱ ἀνὰ τὴν Πόλιν
Γασμοῦλοι (οὓς ἂν ὁ Ῥωμαῖος διγενεῖς εἴποι) ἐκ Ῥωμαίων γυναικῶν γεννη-
θέντες τοῖς Ἰταλοῖς (les Latins, les Francs), ἄλλοι τε πλεῖστοι ἐκ τῶν
Λακώνων, οὓς καὶ Τζάκωνας παραφθείροντες ἔλεγον, κτλ. (L. iv, p. 309.)

doin jusqu'à son voyage à Rome en 1299, et de tous ceux qui ont signalé le règne de son troisième mari, Philippe de Savoie, depuis son arrivée en Morée jusqu'à son départ pour le Piémont, à la fin de l'année 1304. Tous ces derniers faits étaient restés complétement inconnus jusqu'ici, et ils sont racontés, non par un étranger mal informé, mais par un contemporain, homme d'action, qui a vécu avec les hauts personnages dont il parle, qui sympathise avec leurs revers et leurs triomphes, et partage l'ardeur de leurs passions; c'est un véritable Français, avec toute sa loyauté, tout son désintéressement, toute sa commisération pour les opprimés, toute sa fougue chevaleresque.

Convaincu maintenant de l'importance réelle du manuscrit de Bruxelles pour notre propre histoire, je priai l'homme éclairé qui dirige le ministère de l'intérieur en Belgique, M. Nothomb, de vouloir bien me le confier pour l'emporter à Paris, le copier et le publier, ainsi qu'on avait bien voulu le faire, à une autre époque, pour un manuscrit de Georges Chastelain que j'avais publié. M. le marquis de Rumigny, notre ambassadeur en Belgique, appuya ma demande avec toute l'autorité de l'estime qu'on lui porte et toute l'amitié qu'il m'a toujours témoignée, et le manuscrit me fut à l'instant confié.

J'en ai fait une copie exacte. Outre les deux lacunes signalées dans le catalogue de Bruxelles aux feuillets 35 à 36 et 62 à 63, il s'en trouve quatre autres aux feuillets 84, 86, 178 et 179; mais les quatre premières lacunes sont comblées à l'aide du récit de la Chronique métrique grecque, et les deux dernières sont tout à fait insignifiantes pour l'histoire.

Partout l'auteur s'y désigne comme Français : *nos François, nostre françoise gent*, dit-il sans cesse; et l'allure vive de son récit, comme la tendance chevaleresque de ses idées, le fait mieux reconnaître encore comme un de nos compatriotes. Les deux récits de la querelle entre Nicolas de Saint-Omer, maréchal de Morée, et Philippe de Savoie, son seigneur lige, et du conflit de guerre et de générosité entre l'amiral Roger de Loria et le chevalier Jean de Tournay, seigneur de Calavryta, rappellent les pages les plus piquantes de J. Froissart.

Les restitutions des noms propres des chevaliers français et de leurs châteaux sont en parfaite conformité avec les faits connus. « Depuis le temps, dit-il (pages 100 – 101 de cette édition), que le prince Guillerme de Villarduin ot gaaignié le chastel de Malevesie, et fist fermer le chastel de Misitra, cellui de la Grant-Maigne et cellui de Beau-Fort(1), entour les montaignes des Esclavons (2), ainxi come vous avés entendu çà arriers, et quant la guerre failli dou pays de la Morée et de la princée d'Achaye, ainxi come nous vous contéons, li baron dou pays et li autre gentil home si comencerent à faire fortresses et habitacions, qui chastel, qui maisons, sur sa terre, et changier leurs sour-noms, et prendre les noms des fortresses qu'il faisoient. Si estoit adonc un vaillans homs que on appelloit monseignor Goffroi de Bruieres, qui sires estoit de l'Escorta (3), lequel fist fermer et faire le chastel de Caraitaine (4); et messire Gautier de Rosieres le chastel de Mathe-Griphon (5); messire Jehan de Nulli, le marescal, le Passavant (6); messire Jehan de Nivelete le Girachy (7) qui est à la Chaconie.

---

(1) Loutron.
(2) Slavo-Choria et Slavo-Vounia.
(3) Le pays des Scortins, de l'antique Gortys.
(4) Caritena.
(5) Qui-tient-les-Grecs-en-respect, nommé par les Grecs, Akova.
(6) Passava dans le Magne.
(7) Hieraki, l'antique Geronthræ en Tzaconie.

Et tout li autre, prelat, baron, chevalier et autre gentil home, si faisoient cescun sa fortresse selon son pooir, et menoit la meillor vie que nul pueust mener. »

Plus loin il décrit ces délassements chevaleresques dont les Français portèrent l'usage en Syrie et en Grèce : « Et puis que la pais fu faicte et complie, li jone bachellier menerent grant feste de joustes, de rompre lances à la quintaine et de caroles (page 112 de cette édition). »

A chaque pas on y rencontre d'intéressants détails de législation féodale, comme, par exemple, lorsqu'il mentionne les priviléges du comte de Céphalonie, qui, dit-il, « estoit bers de terre et *des douze barons de la princée* qui avoient sang et banc et justice en leur terre; li quel ne devoient estre jugié en court en la compaignie des autres barons et homes liges, pour esgarder et jugier la question que cellui ber de terre auroit en la court principal, contre qui que il feust. (P. 436 de cette édition). »

Quelquefois on y rencontre aussi des souvenirs traditionnels des Grecs, comme quand il parle d'une antique tour hellénique de la forteresse d'Arcadia : « Et avoit, dit-il, une bone tour dessus, *de l'ovre des Jaians* (page 44). » On parle souvent, en effet, en Grèce des anciens Hellènes comme de géants; on dit *le géant Léonidas,* et on attribue aux géants les restes des immenses constructions des Hellènes, de même qu'au nord de l'Irlande on désigne sous le nom de Chaussée des Géants, *Giants causeway*, une des œuvres les plus merveilleuses de la nature.

Bien qu'un grand nombre des faits racontés dans ce volume fassent pour la première fois leur apparition sur la scène de l'histoire, et bien que les noms des acteurs et leurs caractères nous soient pour la plupart assez nouveaux, l'authenticité des uns comme des autres est cependant hors de toute espèce de doute. D'une comparaison attentive avec d'autres écrivains contemporains dans

d'autres pays on peut déduire une démonstration rigoureuse de l'enchaînement des faits; et quant aux noms propres, les archives de Naples, de Venise, de Turin, de
Mons en Hainaut, contiennent des diplômes signés de ces
mêmes noms, et aux mêmes dates, et souvent les sceaux
pendants portant encore les écussons des chevaliers dont
le nom, si illustre alors, était depuis resté si inconnu.
Mes notes feront connaître ces diplômes.

Un passage du *Livre de la Conqueste* nous fait connaître l'époque de sa rédaction. En mentionnant l'empereur
Baudoin II de Constantinople, l'auteur dit (p. 28 et 29) :
« Et laissa une fille qui fu et devoit estre son hoir; la quelle
prist à femme et à espouse le frere dou roy de France,
messire Charles de Valois; de la quelle yssi la très excellente dame *qui ores s'appelle emperéys et fu feme dou très
excellent et noble homme, messire Philippe de Tharente.* »
On voit, par cette dernière partie de la phrase : qu'au moment où l'auteur écrivait, Philippe de Tarente était
mort, et dans sa table chronologique il mentionne cette
mort : « A mil trois cens trente deux ans, le mois de decembre, la premiere indicion, après la mort du prince de Tharante, etc. (P. 477). » Philippe mourut en effet à Naples, le 26
décembre 1332. Et comme sa femme, l'impératrice Catherine de Valois, que l'auteur mentionne ici comme vivante,
mourut au commencement d'octobre 1346, il s'ensuit que
le *Livre de la Conqueste* n'a pu être écrit qu'entre le commencement de l'an 1333 et le commencement de l'an 1346.

L'écriture du manuscrit de Bruxelles annonce une époque évidemment moins ancienne. Il me semble avoir été
copié dans la première moitié du xve siècle. Le titre seul
indique suffisamment que c'est là une copie et non un original : C'est le Livre de la Conqueste de Costantinople
et de l'empire de Romanie et dou pays de la princée de la
Morée, *qui fu trovée en un livre qui fu jadis del noble ba-*

ron, *messire Bartholomée Guys, le grant conestable, le quel livre il avoit en son chastel d'Estives.* » Et au feuillet 34 verso du manuscrit, au bas de la page : « Cy endroit faillent deux feuilles ; pour ce j'ay leissiée l'espace. » Et au feuillet 61 recto, au bas de la page : « Cy endroit fault bien six feuilles, là où parole du revel de l'Escorta qui contre le prince Guillerme fu, et se rendirent au frere de l'empereor, au grant domestico, si ay leissié le espace. » Et à la fin : « Tant com j'ay trové, tant j'ay escript de ceste conqueste de la Morée. (P. 470 de cette édition). »

Je me suis exactement conformé dans mon édition à l'orthographe fort chancelante et irrégulière du manuscrit ; car il en est du copiste du manuscrit de Bruxelles ce qu'il en a été de tous les copistes de manuscrits anciens, qui avaient à transcrire un ouvrage écrit à une époque plus ancienne, dans une autre province, et avec des règles orthographiques différentes : c'est qu'une confusion parfaite a été établie entre l'orthographe des temps et des lieux divers. Ainsi, il dira au cas subjectif, tantôt li rois, li dux, et tantôt le roi et le duc ; et au cas objectif, il offrira les mêmes variations irrégulières. J'ai cru devoir le suivre sans le corriger. Seulement, quand parfois l'inattention du copiste a oublié un mot, je l'ai restitué, en le plaçant dans une parenthèse pour indiquer l'addition.

Comment l'original aura pu être envoyé en Flandre, c'est ce qu'il est facile de s'imaginer. La possession du trône de Constantinople par la famille des comtes de Flandre avait appelé de ce côté l'attention de leurs compatriotes ; l'apparition du faux Baudoin en 1225, et son exécution à Péronne par les ordres de la comtesse Jeanne, qu'il prétendait être sa fille ; puis le retour de Baudoin II, après la reprise de Constantinople par les Grecs, en 1261, avaient continué à alimenter l'intérêt particulier pris par les Flamands aux affaires de l'empire grec. Enfin leurs regards furent de nouveau appelés sur l'importante partie de la conquête de 1204 qui s'était maintenue entre les mains des Francs, la principauté d'Achaïe, lorsque Florent de Hainaut, frère de Jean d'Avesnes comte de Hainaut, devint, en 1290, prince d'Achaïe, par son mariage avec Isabelle de Ville-Hardoin. Florent de Hainaut avait conservé les seigneuries de Hall et de Braine, qui continuèrent à être administrées en son nom. A sa mort, elles passèrent entre les mains de sa fille, Mathilde de Hainaut, mariée d'abord à Guy de La Roche, duc d'Athènes, et les délégués de Mathilde de Hainaut durent venir de la Grèce en Hainaut prendre saisine et faire les hommages requis. Isabelle de Ville-Hardoin, princesse d'Achaïe, eut à agir au nom de sa fille. Ainsi constamment, depuis l'année 1290 jusqu'à l'année 1312, on retrouve dans les archives de Mons en Hainaut mention faite : de Florent de Hainaut, prince d'Achaïe; de sa veuve, Isabelle de Ville-Hardoin; de sa fille, Mathilde de Hainaut, duchesse d'Athènes et princesse d'Achaïe; et de son mari, Guy de la Roche, duc d'Athènes. Ces diplômes, encore conservés, portent les noms et les sceaux des principaux feudataires de la principauté, au premier rang desquels figure un neveu de Florent de Hainaut, Engilbert de Liedekerke, grand connétable de la principauté d'Achaïe.

Toutes ces relations féodales et de famille entre les comtes de Hainaut et les hauts feudataires de Morée ne pouvaient manquer d'éveiller et de soutenir l'attention déjà si excitée par les grands faits de la quatrième croisade. Il est donc tout naturel de penser, que les parents et compatriotes flamands des feudataires de Morée se seront montrés avides de connaître des faits qui étaient si bien en harmonie avec l'esprit chevaleresque du XIVe siècle, et des hommes dont le caractère semble, comme celui du jeune maréchal, Nicolas de Saint-Omer, par exemple, l'idéal parfait du vrai chevalier. L'un des mandataires envoyés par les grands feudataires ou par l'un des princes d'Achaïe aura pu apporter avec lui ou expédier de Grèce une relation des hauts et glorieux événements de la conquête, et des copies de ce volume auront pu être recherchées dans les familles de Flandre liées de parenté avec les familles gallo-grecques. Ainsi, nous aura été conservé le manuscrit de la bibliothèque des ducs de Bourgogne mentionné ici, manuscrit copié sur un autre qui se trouvait à Thèbes en Béotie, dans les archives du grand-connétable Bartholomé Guys, dont on retrouvera plusieurs fois le nom mêlé aux derniers événements de cette chronique. A en juger par la véracité de la narration, exempte de toute recherche pédantesque, et par la tendance habituelle des idées toutes chevaleresques du narrateur, on voit assez que ce ne doit pas être là l'œuvre d'un clerc ou d'un écrivain de profession, mais bien d'un chevalier et d'un homme d'action. Certaines formes de langage, tout à fait inusitées en France, prouvent que l'auteur parlait une langue un peu mêlée de grec et d'italien, ainsi que devait l'être au xive siècle la langue française parlée par nos compatriotes de Morée; ainsi on y lit : *Quir* Théodore, *Quir* Michel, *Quira* Thamari, tirés des mots grecs Kyros et Kyra; *cocure* pour carquois, du grec moderne *coucoura*; *sieguir*, *sot-mettre*, *cougnat*, *suegre* et *suegresse*, *nessun*, *donne*, tirés de l'italien *seguire*, *sottomettere*, *cognato*, *suocero*, *nessuno*, *donna*; les locutions *fin à* et *plus de* pour jusqu'à, plus que, provenant de la même source italienne; et des mots et des locutions propres à cette Nouvelle-France, ainsi que l'appelait le pape Honorius, comme *taride*, *ling*, *riche-homme*, *embachiner* (éteindre), *la boire*, nom d'un vent tiré du catalan, *duchaume*, créé par analogie avec le mot français royaume, et la conjonction *car* employée très-fréquemment dans le sens de que, comme dans *il vous dit car*, pour il vous dit que: *espoir car ils poroient,* dans le sens de peut-être que ils pourraient.

Toutes ces étrangetés sont autant de preuves de la patrie gallo-grecque de l'auteur. Aucune induction ne m'a pu amener à connaître son nom ni quelque détail que ce fût sur sa personne.

La Chronique métrique grecque dont l'auteur est également inconnu, n'est qu'une reproduction de la chronique française. Mais bien que je ne puisse la regarder comme un ouvrage original, je lui trouve cependant une grande importance, d'abord en ce que les deux manuscrits que nous possédons nous permettent de combler les lacunes laissées dans le volume français par la perte de quelques feuillets, et aussi surtout, parce qu'en nous donnant la synonymie grecque des noms de lieux mentionnés par la chronique française, elle nous permet d'essayer une reconstitution de la géographie de la principauté d'Achaïe pendant la domination française. Je tâcherai de faire quelques pas dans cette voie non frayée jusqu'ici, par le Mémoire sur la géographie politique de la principauté française d'Achaïe qui suit cette notice et par la carte jointe au tome II, et sur laquelle on retrouvera, pour la première fois, les divisions féodales et les deux synonymies de la conquête franque. Des notes nombreuses, mais toutes, je le pense, indispensables à la complète intelligence du récit, feront connaître les faits, les hommes et les lieux, autant et aussi exactement qu'il m'a été possible de le faire, avec l'appui des diplômes et à l'aide de recherches scrupuleuses dans le pays.

A ce premier volume, qui contient le texte français du *Livre de la Conqueste,* j'ajoute l'extrait d'un manuscrit de la Bibliothèque royale qui donne quelques faits de plus.

Le second volume contiendra le texte de la Chronique métrique grecque, d'après le manuscrit de Copenhague.

J'ai publié en 1840 le texte grec du manuscrit de Paris ; mais le manuscrit de Copenhague offre tant de leçons différentes, comble tant de grandes et petites lacunes, et redresse si exactement quelques transpositions de faits, qu'il m'a semblé utile de le donner en entier. J'y ajoute un nouveau poème grec inédit, de la bibliothèque de Saint-Marc de Venise, écrit par un Grec de Nicée sur la prise de Constantinople, et sur les négociations de Paléologue avec le pape. Je termine ce second volume par une sorte de *Codex diplomaticus* de la principauté française de Morée, qui contiendra tout ce que j'ai pu trouver de diplômes originaux émanant directement des princes d'Achaïe et de chacun de leurs grands feudataires du continent ou des îles, soit en français, soit en latin, soit en grec, conformément aux textes originaux que j'ai retrouvés dans les archives de France, d'Italie, des îles Ioniennes ou de la Grèce.

Des tables et index aussi complets que possible achèveront, je l'espère, de porter la lumière sur cette partie si intéressante de l'histoire, qui ne peut manquer désormais de ressaisir la part d'importance qui lui appartient dans nos annales, comme dans nos souvenirs.

MÉMOIRE

sur la

GÉOGRAPHIE POLITIQUE

de la

PRINCIPAUTÉ FRANÇAISE D'ACHAYE.

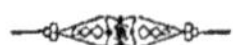

La principauté française d'Achaïe, établie à la suite de la quatrième croisade dans les provinces méridionales de l'empire byzantin en Europe, ne se composait pas seulement du Péloponnèse, qu'on appelait autrefois aussi Achaïe (1), du nom de l'une de ses provinces, mais elle embrassait aussi : la Grèce continentale, en remontant du détroit de Mégare aux Thermopyles, la Grèce insulaire, comprenant l'Eubée, les Cyclades connues alors sous le nom de Dodécannèse (2) ou douze iles, quelques autres îles de la mer Égée et toutes les îles de la mer Ionienne, moins Corfou. J'examinerai successivement ces trois divisions de notre principauté : le Péloponnèse, la Grèce continentale et la Grèce insulaire.

I. LE PÉLOPONNÈSE.

Le Péloponnèse ancien était réparti entre sept grandes divisions : 1° l'Achaïe, qui a donné son nom à tout le pays ; 2° l'Élide ; 3° la Messénie ; 4° la Laconie ; 5° l'Arcadie ; 6° l'Argolide ; 7° la Corinthie.

---

(1) .... Πελοποννήσου τουτέστιν Ἀχαΐας · οἱ γὰρ Ῥωμαῖοι τοὺς τὴν Πελοπόννησον οἰκοῦντας Ἀχαιοὺς ὀνομάζουσιν.

(Const. Porphyr. Sur les thèmes, l. ii, p. 52, éd. de Bonn.)

(2) Μάλιστα τοὺς κατὰ τὴν Δωδεκάννησον.

(Loi de Nicéphore, en 802, dans *Juris orientalis Libri III, ab. Enim. Bonafidio digesti*, p. 6.)

Les noms de ces antiques divisions territoriales disparurent peu à peu d'abord sous l'unité de la vigoureuse domination romaine, puis sous celle de l'empire d'Orient. Le Péloponnèse fut alors placé sous le commandement d'un seul stratège, et forma le sixième thème d'Europe (1). C'est ainsi qu'il était administré au moment de la conquête franque.

Les Français débarquèrent d'abord à Modon en 1205, puis à Kato-Achaïa, près de Patras, en 1206. De Modon ils s'étaient avancés, en remontant vers les plaines découvertes de l'ancienne Élide, qui ne commença que vers cette époque à porter le nom de Morée. De Kato-Achaïa ils se dirigèrent sur le littoral du golfe de Lépante, qui était encore connu sous le nom d'*Achaïe*, et ces deux noms d'Achaïe et de Morée devinrent par la suite, comme indifféremment, la désignation du titre de la nouvelle principauté.

Toutefois, dans les commencements de la conquête, et même long-temps après, le mot Achaïe était pris dans une acception plus générale et désignait l'ensemble de toutes les possessions continentales et insulaires, tandis que le mot de Morée ne s'appliquait tout au plus qu'à la Péninsule seule. Tout prouve même que, dans l'origine, ce nom n'appartenait qu'à la seule province d'Élide à l'exclusion des provinces limitrophes, l'Achaye, l'Arcadie et la Messénie. Le *Livre de la Conqueste* fournit plusieurs exemples de cette distinction entre la Morée et les autres provinces de la presqu'île.

« Lors print ou lui (2) deux chevaliers et douze escuiers, et *parti de la Morée* et vint à Mathe-Griphon (Akova en Arcadie). »

« Si *parti de la Morée* (3) et vint demorer en la chastellenie de Calamate (en Messénie). »

« Si partirent (4) de l'Ille (Nisi en Messénie) et vindrent *en la Morée*. »

« Et li princes *revint* (de Vostitza) *en la Morée*, à Andreville (5).

« Si print le remenant de sa gent et *s'en revint* (du pays de Scorta en Arcadie) *en la Morée* (6). »

La Morée était encore formellement distinguée de la Messénie ou province de Calamata jusque dans les actes de la fin du XIVe siècle.

---

(1) Const. Porphyr. Des Thèmes impériaux, l. II, p. 52.
(2) P. 466 de cette édition.
(3) P. 386.
(4) P. 359.
(5) P. 405.
(6) P. 433.

Dans un acte de l'an 1358, par lequel Robert, prince d'Achaïe, exempte certaines terres de Nicolas Acciaiuoli de tout service féodal (1), on trouve cette distinction : « Pro terris et bonis omnibus quas et que *in dicta provincia Calamate et provincia Amorree* ex prefato principatu nostro Achaye possidet. » Dans un autre acte de 1391, le testament d'Ange Acciaiuoli, palatin de Corinthe, la distinction n'est pas moins formelle (2) : « In partibus Romanie ubi dicitur la Morea ac in Sairita et Calamata. »

Les autres dénominations antiques semblent, comme celle d'Élide, avoir alors complétement disparu des habitudes du langage vulgaire, et on ne les trouve plus employées que dans les protocoles de la chancellerie byzantine.

Ainsi la Messénie n'était plus connue que sous le nom de *pays de Calamata*, désignation tirée de sa ville la plus importante.

A l'époque de l'incursion des peuples barbares du VIIIe siècle, deux tribus de Slaves ou Esclavons, les Mélinges et les Ezérites étaient venus se jeter dans le Péloponnèse et avaient fini par s'y implanter dans les passages les plus difficiles de la chaîne du Taygète, et cette partie de la Laconie avait pris d'eux le nom de *pays des Mélinges* ou des *Esclavons*.

A côté d'eux s'étaient maintenues deux autres peuplades de montagnards de race grecque, aux deux extrémités de la même chaîne à laquelle ils avaient donné leur nom :

Les *Tzacons* ou Chacons, qui ont donné leur nom à la Tzaconie, (dont une petite partie seulement est encore occupée par les Mélinges), et qui, par leur langue comme par leurs mœurs, paraissent remonter aux plus antiques habitants de la Grèce (3);

Les *Maïnotes*, dont l'origine remonte aussi, suivant les croyances locales, aux antiques Hellènes (4), et qui habitaient au delà du cam-

---

(1) Nouv. Rech. T. 2, Diplômes, p. 160.

(2) Id. ibid. p. 213.

(3) Voyez Thiersch, Mémoire sur la langue des Tzacons, dans les Actes de l'Académie de Munich pour l'année 1835, p. 573.

(4) Ἰστέον ὅτι οἱ τοῦ κάστρου Μαΐνης οἰκήτορες οὐκ εἰσὶν ἀπὸ τῆς γενεᾶς τῶν προρρηθέντων Σκλάβων, ἀλλ' ἐκ τῶν παλαιοτέρων Ῥωμαίων, οἳ καὶ μέχρι τοῦ νῦν παρὰ τῶν ἐντοπίων Ἕλληνες προσαγορεύονται.

(Const. Porphyr., Sur l'administration de l'empire, c. 50, p. 224.)

Les traditions modernes du pays sont souvent aussi toutes mythologiques. Le Pentedactyle, un des sommets du Taygète, est le sujet d'un conte tout à fait my-

pement des Ezérites, jusqu'au fort de Maïna et à l'extrémité du cap Ténare.

Une autre tribu montagnarde, qui était probablement mélangée de Grecs et de Slaves, et qui semble avoir tiré son nom de l'antique pays de Gortys, dans lequel elle était établie, la tribu des Scortins, avait à son tour imposé son nom à la partie montueuse de l'antique Arcadie, qui s'appelait *pays d'Escorta* ou des *Escortins* ou Scortins, et qui avait pris aussi de sa situation méditerranéenne le nom particulier de *Mesarée*.

A ces territoires il faut ajouter, pour compléter la géographie du Péloponnèse, ceux qui ne parvinrent que successivement, et quelque temps après le premier établissement, entre les mains des Français :

Corinthe et sa châtellenie, avec le pays de l'Ilagion-Oros ;

Le pays d'Argos et de Nauplie ;

La belle vallée de l'Alphée, entre les deux grandes villes de Nicli (près de l'antique Tégée) et de Veligosti (près de l'antique Mégalopolis), et le pays de Monembasie et de Vatika jusqu'au cap Malée.

Lorsque les Français eurent triomphé des premières résistances des Grecs découragés par l'aspect du déchirement entier de l'empire, et qu'ils se furent réparti entre eux les terres impériales du Péloponnèse, ils s'occupèrent sans délai des moyens de donner une ferme assiette à leur domination et d'en garantir la permanence. Ils avaient à satisfaire à la fois l'ambition des chefs de l'armée conquérante et les nécessités de la protection de la conquête. Ils échelonnèrent donc les diverses seigneuries à répartir entre eux, de manière à compléter et à maintenir leur établissement. Douze hautes baronnies furent instituées, depuis la côte septentrionale d'Achaïe jusqu'aux caps les plus méridionaux de la Messénie et de la Laconie. Les possesseurs de ces hautes baronnies, qualifiés dans notre ancien droit féodal du titre de *bers de terre*, jouissaient de droits tout à fait exceptionnels, et ils étaient égaux entre eux. L'objet principal qu'on dut avoir en vue

---

thologique. Le peuple suppose que dans ce même lieu, fréquenté autrefois par les Ménades, on aperçoit souvent trois filles séduisantes, mais à pieds de bouc, qui forment continuellement des danses au-dessus de Kardamyli. Personne ne saurait en approcher impunément, et celui qui, cédant à leurs invitations insidieuses, oserait pénétrer dans l'intérieur du cercle magique formé par leurs danses, serait à l'instant précipité du haut des rochers ou déchiré comme le furent autrefois Orphée et Penthée. Ces trois fées sont connues sous le nom des trois Néréïdes.

dans la répartition de ces douze hautes baronnies était évidemment la meilleure sécurité possible à donner aux conquérants, dont la race, la religion, la langue, les lois, différaient complétement de la race, de la religion, de la langue, des lois du pays conquis. Les royaumes homériques s'étaient conformés, pour leurs divisions, à la configuration naturelle du pays en grands bassins et grandes vallées. Les hautes baronnies franques, qui vinrent à leur tour s'implanter sur ce sol antique, se conformèrent également aux inflexions du terrain, et leurs propriétaires se distribuèrent la défense des grandes chaînes et des défilés qui ouvrent sur les plaines et les vallées. Voici comment furent échelonnés ces douze grands fiefs de conquête:

1. Baronnie de *Patras*. Ce grand feudataire avait à protéger le littoral contre tout débarquement ennemi venant des côtes d'Épire, d'Acarnanie et d'Étolie.

2. Baronnie de *Chalandritza*. Ce fief, appuyé sur la montagne, était comme un poste avancé de la baronnie de Patras, et était disposé de manière à assurer les passages de l'intérieur.

3. Baronnie de *Vostitza*. Ce haut baron était préposé à la garde du golfe de Lépante et du littoral d'Achaïe.

4. Baronnie de *Calavryta*. Ce fief, appuyé sur la montagne, était disposé, comme celui de Chalandritza, pour servir d'appui à la baronnie littorale de Vostitza et à assurer les passages dans l'intérieur du pays.

5. Baronnie d'*Akova* ou *Mate-Griphon*. Ce haut feudataire était chargé de tenir en respect les Grecs des montagnes de l'intérieur ou de la Mésarée, nom qui avait succédé à celui d'Arcadie, et d'assurer les passages jusqu'à la vallée de l'Alphée, nommé Charbon par les Francs, à cause des nombreuses charbonnières alimentées par les montagnes du pays de Gortys dont sortait ce fleuve. Le nom de Mate-Griphon (1), donné par les Français à Akova, indique à lui seul la destination de cette forteresse.

6. Baronnie de *Caritena*. Ce haut feudataire était placé au débouché des montagnes de Scorta, pour contenir ses indociles habitants et protéger l'ouverture de la vallée de l'Alphée.

7. Baronnie de *Veligosti*. Dans cette grande ville, située à l'extrémité de la vallée de Mégalopolis, et presqu'à l'ouverture de la route de

---

(1) Griphon signifie grec.

Laconie en Messénie par le détroit de Makry-Plagi (1), résidait un haut feudataire qui avait à maintenir la liberté de ces passages.

8. Baronnie de *Nicli*. Dans cette grande ville, située dans la plaine actuelle de Tripolitza, résidait un autre grand feudataire qui avait à protéger le passage de l'Argolide en Laconie.

9. Baronnie de *Geraki*, l'antique Geronthræ. Ce haut feudataire, placé à l'entrée méridionale de la chaîne des monts de Tzaconie, était chargé de tenir en bride les Mélinges et les Tzacons, et d'empêcher leur réunion avec les Esclavons du Taygète et les Maïnotes.

10. Baronnie de *Gritzena*. Le feudataire placé ici pouvait surveiller la belle vallée de Lacos et de Calami et protéger la sortie du Makry-Plagi en Messénie.

11. Baronnie de *Passavant* ou *Passava*. C'était là le poste avancé de l'armée conquérante. Placé au centre du Magne, ce haut feudataire pouvait mieux contenir l'esprit turbulent et inquiet des montagnards. Aussi le seigneur de Passava était-il pourvu du maréchalat héréditaire, afin de pouvoir réunir plus aisément toute l'armée.

12. Baronnie de *Calamata*. Ce haut fief, apanage de la famille princière des Ville-Hardoin, était placé de manière à protéger contre les incursions des montagnards toute la riche vallée du Pamisus.

Chacun des hauts barons mis en possession de ces seigneuries fit bâtir, sans délai, d'abord une bonne forteresse dans le lieu le plus avantageux de sa seigneurie, afin de s'y tenir en parfaite sécurité contre les habitants du pays conquis, puis de petits forts sur les limites de leurs seigneuries respectives, pour se tenir en garde contre les usurpations du baron français le plus voisin; car ces douze puissants feudataires s'étaient réservé le droit de guerre privée entre eux, et le prince lui-même, dans sa propre seigneurie de famille, ne possédait que les droits attribués aux autres barons ses égaux.

Des douze places fortes qui existaient dans le Péloponnèse au moment de l'entrée des Français, *Patras*, *Ponticos*, *Arcadia* et *Modon* sur la côte occidentale, *Coron* et *Calamata* sur le golfe de Messénie, *Lakedemonia*, *Nicli* et *Argos* dans l'intérieur des terres, *Corinthe*, *Anapli* et *Monembasia* sur la côte orientale, trois, Patras, Nicli et Calamata, avaient été concédées comme partie intégrante de trois baronnies de famille, et le reste avait été attribué à la cour du prince, sauf Coron, cédée aux Vénitiens en 1248 pour prix de leur assistance

---

(1) J'ai à grand'peine retrouvé l'emplacement de cette grande ville du moyen âge et j'en ai déterminé l'emplacement (voy. mon *Voyage en Morée*).

dans la prise d'Anapli et de Monembasie, et qui resta entre leurs mains jusqu'en l'année 1498, où elle fut prise par les Turcs (1). Argos ne fut donnée par les princes de Morée au duc d'Athènes que comme seigneurie simple et sous hommage, et non comme seigneurie de famille.

---

(1) Les Vénitiens la reprirent sur les Turcs le 25 juin 1685, sous François Morosini, ainsi que le reste de la Morée qu'ils possédèrent jusqu'en l'an 1715. Pendant la première époque de l'occupation turque, Coron avait été prise, en 1532, par la flotte de Charles-Quint, commandée par André Doria; mais Charles V ne la conserva que jusqu'en 1533. Mustoxidi, dans son Hellinomnimon (mars 1843, p. 143), a décrit cette expédition. La flotte de Charles V reçut alors une grande assistance d'un Grec de Coron, auquel l'empereur accorda le privilége suivant (p. 147):

« Carolus quintus, divinâ favente clementiâ, Romanorum imperator augustus ac Germaniæ, Hispaniarum, utriusque Siciliæ, Hierusalem, Hungariæ, Dalmatiæ, Croatiæ etc. rex, archidux Austriæ, dux Burgundiæ et Brabantii etc., comes Habspurgi, Flandriæ et Tiroli, etc., universis et singulis præsentium seriem inspecturis, tam præsentibus quam futuris.

»Etsi magnoperè comendandi sunt qui præclara facinora pro tuendâ propriâ libertate gesserunt, longè aliùs efferendi sunt ii qui pro totius reipublicæ christianæ incolumitate se ipsos summo periculo exposuerunt.

»Quo fit ut, cum Theodorus Hay-apostoliti, Coroni civis, fidelis nobis dilectus, in eâ obsidione et prælio quod exercitus noster in expugnanda eadem civitate nuper habuit, adeò probè se gesserit ut ejus etiam industriâ civitas ipsa, sub Turcarum tyrannide diù existens, dominio nostro addicta fuerit, proque muniendâ civitate hostibusque propulsandis varia damna sustinuerit: Nos, tantorum obsequiorum rationem, ut par est, habentes, cum aliquo munere nostro prosequi cupientes, proque laboribus quos, ad nos è tam longinquâ provinciâ pro rebus patriæ veniens, sustinuit: eundem Theodorum Hay-apostoliti, uti benemeritum et condignum, de more, equitem fecimus, honoreque ac titulo equestris ordinis et dignitatis insignivimus et decoravimus, prout serie (*instrumenti presentis*), de certâ scientiâ et consultò, insignimus et decoramus.

»Itaque ipse suaque posteritas, tam nata quam nascitura, gaudeat et gaudere possit omnibus et singulis privilegiis, immunitatibus, libertatibus, exemptionibus, honoribus, prærogativis et aliis quibus equites nostri potiuntur et gaudent ubicumque, potirique et gaudere possunt, etiam militaria sive equestria quæcunque insignia deferendo.

»Et ut status equestris luculentius eluceat, prædicto Theodoro Hay-apostoliti duo casalia, vulgò Londari et Ay-Jorgi-Scorta nuncupata, in termino de Cariten, in confinibus Coroni, sita, si adhuc à Turcis occupata subque eorum tyrannide fuerint, quando ab eis, Deo propitio, expelli et propulsari Turcas contigerit, liberè concedimus, donamus et gratiosè elargimur, nostro beneplacito perdurante, cum omnibus et singulis reddditibus, proventibus, pertinentiis, juribus et aliis ad eadem casalia pertinentibus, juribus tamen nostris semper salvis ac exceptis, etiam in criminalibus causis et in civilibus à duabus unciis auri et suprà.

I.   C

Les hauts barons dotés des trois places fortes de Patras, Nicli et
Calamata, n'eurent qu'à les munir et à les mettre en état. Les autres
furent obligés de, construire les places fortes dans lesquelles ils devaient se renfermer avec leurs soldats francs. Ainsi furent construites

---

»Itaque dicta casalia ipse suique posteri, dicto beneplacito perdurante, teneant et
possideant, nonobstantibus quibuscunque in contrarium facientibus, tam de jure
quam de consuetudine, quibus omnibus pro expressis hic habitis in hac parte de-
rogamus, volumusque dictum Theodorum Hay-apostoliti suosque prædictos uti ,
gaudere et potiri liberè dictis casalibus, omnibusque et singulis prædictis, mandan-
tes universis et singulis officialibus, præfectis, prætoribus, ducibus, militibus et
aliis omnibus quorum intersit, præsertim nostro prætori civitatis Coroni, ut præ-
dictum Theodorum Hay-apostoliti pro equite teneant et revereantur, illique suo
tempore possessionem dictorum casalium tradant, nec secus agant, si gratiam
nostram charam habeant pœnamque ducatorum mille nostris inferendorum ærariis
cupiunt evitare, harum testimonio literarum manu nostræ scriptarum et sigillo nostro
impendenti munitarum.

»Data Barchinonæ, die xiiie mensis julii, anno à nativitate Domini 1533, imperii
nostri anno 13°, aliorum verò regnorum nostrorum anno 18°.   CAROLUS. »

Déjà, dans ce même mois de juillet 1533, les Turcs menaçaient de nouveau
Coron, et le pape Clément VII invoquait le grand-maître de l'ordre de Saint-Jean de
Jérusalem d'envoyer promptement une flotte au secours des assiégés :

«Clemens Papa VII.

»Dilecte fili, salutem et apostolicam benedictionem.

»Licet proximis diebus id ipsum à dilecto filio, Jacobo de Salviatis, nostro nomine scribi ad te fecerimus, ut classem tui ordinis ad defensionem Coronis mittere
velles, nec dubitemus te cum tuis omnibus, in hujusmodi piis actionibus semper
exercitatum, nostrum hoc desiderium alacriter executurum esse; tamen, cum di-
lectum filium, Bernardum de Salviatis, nostrum secundum carnem nepotem, urbis
priorem et capitaneum generalem nostræ classis et vestrarum triremium capitaneum
pariter generalem, deputaverimus, per eum renovare hortationes nostras tecum
voluimus, te ex animo atque impensè urgentes ut ad tam sanctum ac laudabilem
effectum dictam tuam classem nostræ adjungere velis, eâ cum celeritate quam rei
necessitas exigit, sicut hæc pleniùs idem prior, vel verbis coram vel literis suis
absens devotioni tuæ explicabit.

»Dat. Romæ apud Sanctum Petrum, sub annulo Piscatoris, die xi julii 1533,
pontificatus nostri anno 10.» (N° 182. P. 205, t. 2 du Codice dipl. Jerosolimitano.)

Charles V fut obligé d'abandonner Coron aux Turcs à la fin de cette même année
1533. Tous les habitants s'embarquèrent et se réfugièrent dans la Calabre et autres
lieux du royaume de Naples. Par un acte du 18 juillet 1534 des Archives, on voit
qu'il leur assigna des secours (p. 157). Mustoxidi rapporte d'après Rodota (*Istoria
del rito greco in Italia*) deux inscriptions latines consacrées à des réfugiés de
Coron, et existantes dans le royaume de Naples. L'une, dans l'église de Saint-
Pierre et Saint-Paul à Naples, est ainsi conçue :

Vostitza, Chalandritza, Calavryta, Akova ou Mathe-Griphon, Caritena, Veligosti, Geraki, Gritzena, Passavant ou Passava, et on retrouve encore dans ces mêmes lieux les vastes ruines de ces grandes forteresses baronniales, qui couvrent en général le sommet de hautes collines. Pour

---

« Johanni Rossetto, patritio Coronæo, summæ probitatis viro patriæque maxime studioso, filii collacrymantes atque pietatem colentes hunc exstruxere tumulum M. D. LXXIV. »

L'autre, qui se trouve aussi dans la même église de Saint-Pierre et de Saint-Paul, est ainsi conçue :

« Joanni, hujus ecclesiæ Sanctorum Petri et Pauli confratri, ex nobili familiâ Pugliatzorum et Paschaliorum, quorum origo ex vetustâ civitate Coronæ, quique totum vitæ cursum in bellicis ludis occupaverunt, ut pro cesareâ Caroli V majestate ejusque filio Philippo rege catholico, nec dum fortunas profundere non dubitârint, hoc simulacrum tumulumque sibi ac posteris erigere, ut in tabulis publicis cernitur, concessum est, anno à partu Virginis M. D. LXXXXV. Ὅρα (priez) περὶ ἀμφοτέρων των. » (Meola, delle Istorie del la chiesa greca in Napoli, p. 163.)

Navarin n'était parvenue entre les mains des Vénitiens que dans les dernières années de la domination française en Grèce. Modon avait été comme surprise par eux en 1294 (*v.* p. 472). Une colonne élevée en 1473 par le châtelain Bernard Donato, le capitaine Louis Contarini et les provéditeurs de Coron, et encore conservée aujourd'hui (*v.* mon *Voyage,* p. 454), atteste que jusqu'à cette année les Vénitiens étaient encore en possession de Modon qui leur fut prise par Bajazet en 1490. La flotte de l'ordre de Saint-Jean la saccagea en 1531, ainsi qu'on le voit par le bref suivant, adressé par le pape Clément VII au grand-maître Villiers de l'Ile-Adam et par une lettre de ce grand-maître lui-même :

» Clemens Papa VII.

» Dilecte fili, salutem et apostolicam benedictionem.

» Singularem nobis lætitiam attulit dilectus filius, eques Acciaiolus, nuntius occupatæ et direptæ Modonis à dilecto filio priore urbis, capitaneo vestro generali (Bernard de Salviati), nostro secundum carnem nepote, ad nos destinatus; nam et alacritatem virtutemque vestrorum militum, imprimisque ipsius nepotis nostri, cum vigore animi conjunctam felicitatem, auspicantis tali initio honorum et officium ei per vos demandatum, summo, ut par erat, gaudio suscepimus, atque ex eâ re, quanquam modicâ, in spem majorem erecti, omen futuræ prosperitatis in majoribus rebus gerendis accepimus. Agimus igitur Deo gratias, vobisque, filii, hoc commune gaudium in domino gratulamur, ejus misericordiam implorantes ut afflictionem acerbitatemque excursionum, per tot annos ab illis in nostros illatam, in ipsos hostes vertere dignetur. Quod et futurum in divinâ bonitate confidimus. Sed tamen etsi hæc ipsa vos pro vestrâ prudentiâ consideraturos non diffidebamus, tamen paternâ benevolentiâ et de vobis curâ nostrâ adducti, vos, filii, monendos duximus ac monemus eò magis nunc invigiletis et caveatis, providendaque studiosius comparetis, quo idem hostis, suapte naturâ sævus et ferox, nunc irritatus in ultionem, consurgere acriùs posset : cujus tamen conatus omnes divina, ut spe-

les petits forts, placés sur les limites des diverses baronnies, les Francs n'eurent le plus souvent qu'à compléter ou relever les tours helléniques, construites dans les temps héroïques pour séparer les royaumes ou hautes baronnies des rois vassaux d'Agamemnon et de leurs descendants;

---

ramus, clementia irritos faciet, suosque fideles tutabitur. Nos vero quantum ipsi operâ et factis, atque apud alios hortationibus et auctoritate valebimus, nunquam in amore et protectione vobis debitâ ac solitâ deficiemus, sicut ex ipso equite Acciaiolo pleniùs hæc relaturo intelligetis.

» Datum Romæ apud Sanctum Petrum, sub annulo Piscatoris, die 28 septembris 1531, pontificatus nostri anno 8. Blosius. » (N° 180, p. 284, t. 2 du Codice dipl. Ierosolimitano.)

« Frater Philippus de Villers Lisle-Adam etc., et nos Conventus etc., dilecto in Christo filio Stephano Marchetto, Rhodio, salutem.

» Consuevit religio nostra eos gratiâ, muneribus et favoribus prosequi, qui obsequiis ejusdem pro viribus incumbentes, de ipsâ bene mereri conantur, ut illi quidem debitâ laborum suorum remuneratione susceptâ et commodius vitam transigere possint cœptisque ferventius insistant, et alii ad similia majoraque capessenda et promerenda alliciantur.

» Cum itaque jam aciem mentis nostræ direxerimus ut, non solum Rhodum insulam nobis vi ereptam, sed etiam Metonem, urbem munitissimam, caput totius Peloponnesi, à manibus et dominio tyrannorum Turcarum eriperemus et in ditionem et potestatem nostram et Christianorum redigeremus, et in hoc negotio triennium vel circà, non sine vitæ tuæ periculo, fideliter ità operam tuam præstiteris, ut civitas prædicta Metonis parvâ manu, scilicet à sex triremibus nostris, capta et direpta fuerit, licet (heu sortem!) teneri non potuerit : hinc est quod, præmissorum contemplatione suasi, invicem maturo et deliberato consilio, de nostrâ certâ scientiâ, te ad obsequia et salaria Religionis nostræ suscipimus et acceptamus, tibique propterea damus, constituimus et assignamus annuam pensionem 36 ducatorum auri in auro largorum, boni et justi ponderis, de pecuniis nostri communis thesauri, in quatuor terminis, videlicet qualibet trimestri, tibi vel quibus commiseris, liberè, realiter et cum effectu, omni remotâ excusatione et dilatione, infallibiliter exsolvenda, cujus prima solutio fiet primo die mensis decembris proximè futuri, et deindè continuabitur, vitâ tuâ durante, hic vel ubicumque Conventus noster adesse contigerit.

» Quapropter venerandis, magno preceptori, procuratoribus, conservatori generali et scribæ dicti thesauri, præsentibus et futuris, committimus et mandamus ut, sine controversiâ, dictam pensionem 36 ducatorum auri, boni et justi ponderis, in quatuor terminis, ut committitur, quisque pro officio suo, omni excusatione et dilatione cessante, singulis annis, donec vitam duxeris in humanis, tibi Stephano Marchetto datam, procurent et cum effectu exsolvant et numerent, etc.

» In cujus rei, etc.

» Datum Meliteæ, die 18 mensis octobris 1531. » (N° 181, p. 204, t. 2 du Codice diplomatico gerosolimitano.)

et ces tours, dont les murailles se composent d'immenses pierres quadrilatères et sont reliées à des murailles franques pétries de ciment, se conservent aussi dans les passages les plus importants des grandes chaînes de montagnes.

Le prince qui avait, de plus que les seigneurs particuliers et les douze bers de terre, à pourvoir à la sécurité de l'ensemble des provinces conquises, dut distribuer, soit les anciennes forteresses mises en bon état de réparation, soit de nouvelles forteresses, de manière à satisfaire aux nécessités générales du pays et à répondre parfois aux circonstances passagères de la guerre. Ainsi Pontico-Castro fut refortifié et prit le nom de *Beau-Voir*. *Arcadia*, *Modon*, *Lakedemonia*, *Corinthe*, *Anapli*, *Monembasie* le furent également, et *Argos*, confiée à la garde du duc d'Athènes, vit s'élever la forteresse qui a succédé à l'ancienne Larisse et a été possédée par nos compatriotes de la maison d'Enghien (1). D'autres anciennes forteresses importantes, telles que *Moukhli* (2), sur un des versants du mont Malevo qui commande la route d'Akhlado-Kambos à Tripolitza; *Gardiki*, près du mont Hellenitza, sur le haut d'une montagne qui domine le Makry-Plagi (3); *Kyria-Helena* ou Sainte-Hélène, petite forteresse moins considérable, mais d'origine hellénique, en face du mont Lycée, au-dessus de Lavda,

---

(1) Voyez dans l'Atlas de mes *Nouv. Rech.* la vue de cette forteresse.

(2) Cette forteresse se conservait encore, ainsi qu'Akova, au moment où elle fut dévastée par l'incursion des Turcs dans l'intérieur du Péloponnèse :

Μαΐῳ δὲ ιέ τοῦ αὐτοῦ ἔτους ὁ ἀμηρᾶς παραγέγονεν εἰς τὴν Πελοπόννησον, καὶ εἰς τὴν Κόρινθον καταλείψας στρατὸν περιεκύκλωσεν αὐτὴν πολιορκῶν· αὐτὸς δὲ ἐλθὼν ἐν τῷ μέσῳ τοῦ τόπου καὶ πάντα τὰ ἐκεῖσε τὰ μὲν ἠχμαλώτευσε τὰ δὲ ἠφάνισε καὶ ἐνέπρησε, ἐξαιρέτως δὲ τὴν Ἄκωβαν, τὸν Ἀετὸν καὶ τὰ Πενταχυρία· κἀκεῖθεν ἐξελθὼν κατὰ τοῦ Μουλιόυ ἐπέδραμεν, κτλ.

(G. Phrantzi. L. 4, p. 387.)

(3) J'ai retrouvé les ruines de cette forteresse (voy. mon *Voyage en Morée*), dont parle aussi G. Phrantzi, comme ayant été prise par Mahomet II, qui égorgea tous ses habitants :

Ἐλθόντος δ'αὐτοῦ δὴ τοῦ ἀμηρᾶ καὶ εἰς τὰ περὶ τὸ Λεοντάριν, καὶ εὑρὼν αὐτὸ ἔρημον ἀνθρώπων, παρέλαβεν αὐτὸ διὰ τὸ τοὺς ἀνθρώπους φυγεῖν· ἐν δὲ τῷ Γαρδίκῃ ὡς ἰσχυρότερον αὐτοῦ εἰσῆλθον φυλαχθῆναι, ἔνθα πάλιν ὁ ἀμηρᾶς παρεγένετο πολιορκῶν καὶ αὐτὸ μέχρι τινός· τέλος δὲ ἐδουλώθησαν, μετὰ συνθήκης καὶ ὅρκου ἐπαγγειλάμενος αὐτοῖς ἵνα μηδένα αὐτῶν ἐνοχλήσῃ ἢ θανατώσῃ ἢ αἰχμαλωτίσῃ· αὐτὸς δὲ τοὺς ὅρκους ἀθετήσας καὶ τῇ μνησικακίᾳ καὶ ὀργῇ

furent sur-le-champ mises en réparation. On s'occupa aussitôt du choix de l'emplacement convenable pour les nouvelles forteresses à construire, et on en commença immédiatement la construction. Mais avant de terminer cette grande affaire de la fortification du pays, il fallait d'abord se fixer un premier établissement d'où on pût aisément correspondre avec tout le pays.

On s'occupa d'abord du choix de l'emplacement, ou de la ville, propre à devenir le siége habituel du nouveau gouvernement. La forteresse de Corinthe étant restée entre les mains des Grecs pendant les premières années qui suivirent la conquête, on ne pouvait songer à en faire une capitale; et d'ailleurs, si dans les temps antiques les côtes orientales du Péloponnèse avaient été le grand centre du mouvement, c'est que c'était vers l'orient et vers les côtes d'Asie que devait se tourner toute l'attention des Péloponnésiens. Des considérations d'une semblable nature devaient prescrire aux Français de faire des côtes occidentales le centre du mouvement de leur nouvel état; car c'était de l'occident qu'ils sortaient, c'était de l'occident qu'ils devaient attendre des secours. C'est en effet l'Élide qu'ils choisirent comme leur première résidence; c'est dans l'Élide qu'ils continuèrent à vivre; et c'est là que j'ai retrouvé encore dans les habitudes du pays et jusque dans la langue parlée par les Grecs d'aujourd'hui les souvenirs tout vivants de la conquête française.

Patras en Achaïe était trop exposée aux incursions des pirates (1). Il convenait de choisir une ville assez rapprochée de la mer pour pouvoir recevoir promptement des secours, et à quelque distance des montagnes, pour ne pouvoir pas être surprise sans défense.

Andravida en Élide, appelée par les chroniqueurs latins Andravilla et Andreville, parut placée dans la meilleure situation pour répondre au but qu'on se proposait. Elle est dans une plaine fertile et arrosée de plusieurs cours d'eau. Elle est à quelques milles de la mer et peut être aisément secourue de ce côté. Elle n'est qu'à quelques milles du Pénée, qui est une sorte de rempart vers le midi, et de là on peut se

κινούμενος, ἔν τινι πεδίῳ μικρῷ συνάξας αὐτοὺς πάντας καὶ δεσμεύσας παραναλωμα μαχαίρας σὺν γυναιξὶ καὶ παισὶ πεποίηκε.

(G. Phrantzi. L. 4, p. 405 et 406.)

(1) Cum igitur ecclesia Patracensis, in maris littore constituta, incursibus pateat piratarum. (Lettre d'Innocent III à Geoffroi, prince d'Achaïe, l. xiii. Coll. de Baluze, t. ii, p. 488.)

porter avec aisance vers l'Achaïe, la Messénie et l'Arcadie. On transporta dans cette ville le siége de l'évêché, situé auparavant à Oléna, village aujourd'hui ruiné à quelques lieues au nord-est de Pyrgos, et dans lequel se rencontrent encore quelques restes d'église. Oléna avait été dans les temps précédents un des quatre évêchés suffragants du métropolitain de Patras, qui, dès le xie siècle, étaient : 1° Lakedemonia ou Amyclée; 2° Methon ou Modon; 3° Coron; 4° Oléna, qu'on trouve parfois appelée Bolena. Innocent III reconstitua l'archevêché de Patras, en ordonnant qu'on lui rendît l'église de Saint-Théodore, où les archevêques de Patras étaient autrefois sacrés et ensevelis (1), et il lui donna autorité sur les quatre mêmes suffragants; seulement il transporta dans le nouveau siége de la principauté, à Andravida, l'évêché qui avait été fixé à Oléna et qui, après la ruine d'Andravida, fut transporté à Pyrgos, où réside aujourd'hui l'évêque avec le titre d'évêque d'Olène et d'Élide. Plus tard, lorsque Corinthe fut tombée en la possession des Français, le siége métropolitain y fut également rétabli, et Innocent III lui rendit ses sept évêchés suffragants de : 1° *Céphalonie;* 2° *Zante;* 3° *Damala;* 4° *Monembasie;* 5° *Argos;* 6° *Hélos,* appelée par corruption Gelas dans les lettres d'Innocent III ; et 7° *Temenium,* en Laconie, dans le pays de Vatica, dont le nom est défiguré dans les lettres d'Innocent III en celui de Gimenès et Zemenès (2).

---

(1) Exposuit nobis venerabilis frater noster Archiepiscopus Patracensis quod cum, à prima institutione Patracensis ecclesia in ecclesia beati Theodori archiepiscopalis consueverit sedes esse, in qua novi pontifices primo inthronisari solebant, ac certam ibi mansionem nec non etiam sepulturam habere, *edificato castro circa ipsam,* non solum ossa tumulatorum ibi pontificum sunt effossa, verum etiam sedes eadem ipsi archiepiscopo est ablata; unde nobis humiliter supplicavit ut detentores predicte sedis ad ejus restitutionem compelli et ecclesic ipsi competens spatium in circuitu dimitti libere mandaremus : Volentes igitur, etc. (L. d'Innocent III, l, xiii, t. ii, p. 487 de la Coll. de Baluze.) Il paraît que l'archevêque de Patras eut alors fort à souffrir des violences de quelques chevaliers. Une lettre d'Innocent III fait connaître qu'ils allèrent jusqu'à couper le nez à son bailli entre ses bras, et l'emprisonner lui-même : « Conquestionem venerabilis fratris nostri Patracensis archiepiscopi recepimus, continentem quod C., miles, et quidam socii sui Patracencis dioecesis, in domum suam nequiter irruentes, manus in ipsum temerarias injecerunt, ac ballivum suum, quem inter brachia contra eorum sevitiam tuebatur, per violentiam capientes, pro eo quod jura ecclesie fideliter defensabat, nasum ei crudeliter amputarunt. Per ipsius quoque militis servientes idem archiepiscopus captus fuit, et per quinque dies in carcere diro retentus, multis aliàs eidem ab eodem milite ac suis complicibus damnis et injuriis irrogatis. Quocirca, etc. (Ib. ibid., p. 488.)

(2) Dans la bulle d'institution de l'archevêque de Corinthe, datée du onze des

Les princes de la famille Ville-Hardoin, qui avaient fixé leur résidence à Andravida, y firent bâtir quelques grands édifices civils et religieux. De ce nombre était l'église épiscopale dédiée à sainte Sophie, et dont il existe encore aujourd'hui de grands restes dont j'ai donné une exacte reproduction dans mon Atlas (pl. x et xi). Les frères mineurs firent aussi bâtir alors, mais à Clarentza, une église dédiée à saint François et un grand couvent. On lit dans le *Livre de la Conqueste* que, dans plusieurs occasions, les princes d'Achaïe tinrent leur parlement dans l'une et l'autre de ces deux églises et que la haute cour s'y réunissait quelquefois. Les templiers avaient aussi des possessions de ce côté, et à leur couvent était réunie l'église de Saint-Jacques, bâtie par les Ville-Hardoin, et où Geoffroi Ier et ses deux fils, Geoffroi II et Guillaume Ier, eurent leur sépulture.

L'air d'Andravida n'étant pas toujours fort salubre pendant les grandes chaleurs des derniers mois de l'été et des premiers mois de l'automne, les princes se firent bâtir ailleurs des résidences plus agréables :

A *la Gastogne*, appelée aujourd'hui Gastouni, à cause de la ressemblance de sa plaine avec nos gastines ;

A *la Riole*, au nord d'Andravida, au pied du mont Movri et sur les bords du Larissus, situation charmante pour la chaude saison, et dont le nom est conservé aujourd'hui dans Rhiolo ;

A *la Glisière*, désignation toute française de la ville grecque de Vlisiri, aujourd'hui Vésiri, au pied du haut monastère d'Hagia Paraskevi et près de la source de la rivière Pourleska ;

A *la Roviate*, mot conservé dans l'appellation actuelle Rhoviata, sur les rives de cette même rivière Pourleska, et près de la mer, un peu au midi de Gastouni ;

---

calendes de juin, indiction xv, année 1212, année 15 de son pontificat, Innocent III désigne ainsi les biens de l'archevêché : Casale quod dicitur *Enoria*, casale quod dicitur *Patricia*, casale quod dicitur *Palagia*, casale quod dicitur *Calesmata*, casale quod dicitur *Cyrilla*, casale quod dicitur *Sycchyna*, casale quod dicitur *Sorados*, casale quod dicitur *Lavenicia*, casale quod dicitur *Sarman*, casale quod dicitur *Crata*, casale quod dicitur *Quarrata*, et casale quod dicitur *Sandyca*; et les noms des sept évêchés suffragants y sont ainsi défigurés : Episcopatus quoque inferius annotandos, ecclesie tue metropolico jure subjectos, tibi tuisque successoribus confirmamus, videlicet : *Cephalonensem, Jacint, Damelant, Malevesia, Argos, Gilas, Gimenes.* (Id. p. 622.)

A *Druges*, en Messénie, l'Androusa actuel, au pied du mont Ithome, et où ils fixèrent la résidence d'une des deux grandes capitaineries de Morée, qui, conformément à l'article 177 des Assises de Romanie, étaient placées l'une à Corinthe, l'autre à Androusa;

A *l'Ille* enfin, dont le nom répond à son appellation grecque actuelle, *Nisi*, lieu charmant, situé un peu au-dessous de la forteresse franque du Petit Magne ou Mikro-Mani, sur la rive du Pamisus, et à quelques milles seulement d'une plage où la mer offre en été les bains les plus agréables.

Ce n'étaient là, en quelque sorte, que les villes de plaisance des princes d'Achaïe; mais en même temps que les anciennes forteresses étaient mises en état, les nouvelles forteresses se construisaient et s'échelonnaient dans tous les lieux importants, dans tous les passages difficiles.

En avant d'Andravida, qui avait été choisie pour capitale, et afin de faciliter les communications de la principauté avec l'Occident, on fit construire, sur l'emplacement où était le petit port de Saint-Zacharie, une ville forte nommée *Clarence*, la Clarentza d'aujourd'hui. Ce port fut long-temps florissant. Il s'y faisait un grand commerce au xive siècle, et ses poids et mesures étaient en commun usage dans tout l'Orient. Les ducs anglais de Clarence ont pris de là leur nom, légué par Mathilde de Hainaut à sa parente Philippine de Hainaut, mère de Lionel, premier duc de Clarence. C'est aujourd'hui un petit port qui est en relations habituelles de commerce avec Zante et Céphalonie.

Au-dessus de la montagne qui domine la plage de Clarentza et l'arrivée de Zante, Geoffroi II de Ville-Hardoin fit bâtir, dès 1217, une forteresse importante qu'il appela *Clair-Mont*. Cette forteresse est encore debout et le nom s'en retrouve un peu altéré dans le nom de Khlemoutzi, qu'il porte aujourd'hui.

J'ai déjà dit qu'en descendant au midi près du cap Katakolo, ils avaient réédifié le château de Pondico-Castro et lui avaient donné le nom français de *Beau-Voir*, traduit quelquefois par les Grecs en *Kaloscopi*, par les Catalans en *Bel-Veser*, et par les Italiens en *Bel-Veder* et *Bel-Ver*. Des noms tout français: *Junch, Beau-Fort, Porte-de-Fer, Bel-Regard* dont les Grecs ont fait *Perigardi, Chastel-Neuf, Saint-Georges, Crève-Cœur, Bosselet, Passavant, Mathe-Griphon, la Combe, la Bicoque, Saint-Omer, Porcelet,* le *château des Portes,* etc., furent donnés aux nouvelles forteresses.

Saint-Omer fut élevé en 1310 par Nicolas de Saint-Omer le jeune, maréchal héréditaire de la principauté de Morée, et seigneur de la moitié de Thèbes, lorsque les Catalans eurent détruit le beau château de Saint-Omer dans la ville de Thèbes, et il fit de Saint-Omer de Morée une forteresse importante. Elle est bâtie sur un des hauts contreforts du mont Movri, entre le Larisse et le Pénée, et domine le passage qui conduit de la plaine de Gastouni dans les montagnes. Ses ruines franques sont fort considérables. Elle a donné son nom à la montagne sur laquelle elle est bâtie, qui s'appelle encore aujourd'hui mont de Santameri, de même que les ruines s'appellent ruines de Santameri.

Portes, aujourd'hui Portais, était bâtie sur l'extrémité méridionale du même contrefort, du côté de l'Élide.

Le pays de montagnes était surtout difficile à bien garder; aussi y multiplia-t-on les forteresses. Indépendamment des grandes forteresses baronniales de Corinthe et de *Mathe-Griphon* ou *Acova*, on fit construire d'autres forteresses princières dans le pays d'Acova, comme :

Beau-Fort ;

Saint-Georges, dans les montagnes de Scorta;

Boisselet ou *Oréoclovon*;

Un autre *Saint-Georges*, pour commander la sortie de ces défilés, et que je crois être le Castro-tis-Oraias, au-dessus de Xero-Campi (1);

Chastel-Neuf;

Crève-Cœur, près de Lavda ;

Sainte-Hélène, ou *Kyria-Helena*, tout près aussi de Lavda ;

Château de Fer ou *Sidero-Castro*, entre Arcadia et Pavlitza.

Quelmo, dans le mont Chelmos, près de Veligosti.

La *Dimatre* ou *Dimatra*, bâtie par le vieux Nicolas de Saint-Omer, bail de Morée, en 1288.

Le même Nicolas de Saint-Omer, pendant son bailliage, fit bâtir au-dessus des marais qui s'étendent devant l'île de Sphacterie, et qui ont fait donner à cette plage par les Francs le nom de *Junch*, terre des joncs, au bas du monticule sur lequel était construit l'antique Avarinos, ou Palæo-Avarinos, une nouvelle forteresse qu'on nomma le *Nouvel-Avarinos*, Neo-Avarinos, devenue *Navarin*. Plus tard, lorsque les Vénitiens prirent possession de cette ville, nommée aussi par eux *Zonchio*, ils firent construire leur forteresse sur la rive opposée à l'île de Sphacterie, et cette nouvelle ville prit le nom de Neo-Castro. Cette ville fut prise sur les Vénitiens par les Turcs en 1500. François Mo-

____

(1) Voyez mon *Voyage en Morée*.

rosini la reprit le 2 juin 1686, et les Vénitiens la reperdirent de nouveau en 1718.

Dans la Laconie et le Magne, les princes de Morée firent également élever de nombreuses forteresses, dont quelques-unes subsistent encore; telles que *Misitra*, bâtie par Guillaume de Ville-Hardoin en 1248, et cédée par lui en 1263 à Michel Paléologue, pour prix de sa rançon. Comme cette ville a souvent été confondue, tantôt avec la Sparte antique et tantôt avec la Lakédémonia du moyen âge, je donnerai quelque étendue à mes remarques sur ces trois villes, en reproduisant en bonne partie ce que j'en ai dit dans mon *Voyage en Morée* (1), et en y ajoutant les extraits que m'a fournis un manuscrit grec en possession de l'archevêque actuel de Lakédémonia.

Il y a en réalité trois villes de Sparte : la Sparte antique, la Lakédémonia des Byzantins et la Misitra des Francs, chacune fort distincte de l'autre par son existence historique comme par son emplacement, mais qui n'en out pas moins été souvent confondues dans un même nom. La Sparte antique était placée dans la plaine où sont les quelques maisons qui composent la Sparte moderne, et s'étendait jusqu'aux collines auxquelles sont adossés les restes de l'amphithéâtre. La Lakédémonia byzantine comprenait les quatre collines riveraines de l'Eurotas, réunies et closes par un mur d'enceinte. La Misitra des Ville-Hardoin était à une lieue de là, adossée au Taygète; et c'est dans cette dernière que, après l'abandon qui en fut fait aux Grecs et après la conquête de la Morée par les Turcs, se réfugièrent les populations qui, dans les temps de trouble, abandonnèrent les plaines pour s'abriter de préférence dans les montagnes, sous la garde des forteresses. Quant à la Sparte actuelle, transportée de nouveau après tant de siècles comme au centre de l'emplacement de la Sparte antique, c'est une création toute récente du jeune état grec, qui a voulu rendre hommage à la gloire de ses ancêtres en proclamant Sparte la seconde ville du royaume. Il n'existait plus qu'une seule masure sur ce terrain historique, lorsqu'on ordonna une ville. Quelques maisons sont déjà élevées, mais les rues manquent encore. Toutefois une magnanerie et une filature de soie, fondée depuis peu d'années et guidée par des ouvriers italiens, produit une amélioration notable dans ce genre de produits, et l'exemple donné a déjà trouvé des imitateurs. Tout paysan élève des vers-à-soie et vient vendre ses cocons à la magnanerie, qui ne produit guère encore qu'une trentaine de livres de soie.

---

(1) Pag. 424 et suiv.

Cette partie de la Grèce était une des plus intéressantes que j'eusse à visiter dans mes recherches sur notre établissement féodal ; c'était comme la dernière frontière de notre domination régulière, car au delà les Tzacons d'une part, et les Maïnotes de l'autre n'étaient jamais soumis que par intervalles, et les forteresses de Misitra en Laconie, de Hieraki en Tzaconie, de Beau-Fort ou Loutron, et de Mégali-Mani dans le Magne, près du cap Ténare, que fit bâtir le prince Guillaume de Ville-Hardoin pour les contenir, servirent plus tard de point d'appui aux délégués impériaux pour harceler les Francs, lorsque Guillaume de Ville-Hardoin, après la bataille de Castoria, fut obligé d'abandonner quelques-unes de ces places pour sa rançon à l'empereur Michel Paléologue. Il était donc d'une importance toute particulière pour moi de visiter Misitra.

C'est du khani de Vourlia, situé sur le versant d'une montagne qui domine les belles vallées d'Arakhova d'une part et de l'Eurotas de l'autre, que le voyageur, arrivant de Tripolitza et de l'antique Tégée, commence pour la première fois à apercevoir la riche vallée de Sparte. Au-dessus de cette montagne sont les ruines de l'antique forteresse de Sellasia, transformée au temps de notre domination en forteresse franque. Ce passage était en effet important à garder. De là se découvre toute l'imposante chaîne du Taygète ou Malevo, qui est d'un admirable effet par sa continuité et le rapprochement de ses pics aux formes les plus gracieuses et les plus variées, au milieu desquels quelques pics hardis conservent une neige perpétuelle.

Une descente rapide, qu'on appellerait ailleurs dangereuse, conduit du khani de Vourlia aux rives de l'Eurotas, qui féconde cette riche vallée. La vue est véritablement fort belle pendant toute cette descente. La campagne est d'une fertilité extrême ; les figuiers, les mûriers, les citronniers, les orangers, les oliviers y abondent de toutes parts. L'olivier de la Lacédémonie paraît un arbre tout différent de l'olivier de l'Attique ; ses feuilles sont vertes et luisantes, et sa hauteur comme son ampleur sont beaucoup plus considérables ; et ces campagnes verdoyantes sont terminées par une suite de collines non moins belles, qui vont s'enchaînant et se succédant, en s'élevant jusqu'à la petite chaîne du Pentedactyli, derrière laquelle s'élance enfin la haute chaîne du Taygète. Sur les contreforts les plus avancés est une tour carrée, d'origine franque, qui surveille la route ; au milieu de la chaîne du Pentedactyli apparaît le château de Misitra, bâti par notre compatriote Guillaume de Ville-Hardoin. Ce fleuve, qui coule paisiblement entre des rives élevées, gracieusement revêtues d'herbes épaisses, d'arbrisseaux, de lauriers-roses, de narcisses et de lys bleus, c'est l'Eurotas. Je le passai sur un pont de pierre fort élevé, suivis quelque temps les haies touffues de lauriers-roses de ses rives, passai au pied de la tour carrée de nos compatriotes francs, laissai à ma droite le chemin qui mène à Misitra, traversai des champs d'oliviers, des vergers, de nombreux petits cours d'eau et de véritables jardins, arrivai au pied de la première et de la plus haute des quatre collines sur lesquelles était placé l'Acropolis de l'antique Sparte, tournai cette colline à ma gauche en la laissant entre l'Eurotas et moi, et je me trouvai sur l'emplacement de la vieille Sparte.

Bien que je n'eusse aucune étude particulière à faire sur la Sparte antique, je ne pouvais me trouver sur ce territoire vénéré sans recueillir mes souvenirs et sans chercher à m'y reconnaître. Un vandale français, M. de Fourmont, se vante, dans ses lettres à M. de Maurepas, d'avoir complétement anéanti la Sparte antique. «Je l'ai fait non pas abattre, écrivait-il au ministre, mais raser de fond en comble. Il n'y a plus de cette grande ville une pierre sur une autre. Depuis plus de trente jours, trente et quelquefois soixante ouvriers abattent, détruisent, exterminent la ville de Sparte!... Si en renversant ses murs et ses temples, si en ne laissant pas une pierre sur une autre au plus petit de ses sacellum, son lieu sera dans la suite ignoré, j'ai au moins de quoi le faire reconnaître, et c'est quelque chose. Je n'avais que ce moyen de rendre mon voyage illustre. »

M. de Fourmont n'a pas fait et n'a pu faire tout le mal dont il se vante ici; d'abord il lui eût été fort difficile de réunir soixante ouvriers pendant trente jours, quelque prix qu'il leur donnât. Les Grecs ont toujours trois et souvent quatre fêtes par semaine, et les observent religieusement. Il ne lui était pas plus possible alors qu'il ne le serait aujourd'hui d'obtenir ces jours-là aucun travail. Les Turcs ne l'obtenaient pas avec le bâton; les Européens ne l'obtiennent pas avec de l'or. Puis, lors même qu'il eût réuni trente, et soixante, et cent ouvriers pendant un mois, est-ce avec leurs instruments grossiers, parmi lesquels n'existent ni le pic ni la pioche, qu'ils auraient pu démolir ces murailles helléniques, dont un attelage de chevaux pourrait à peine remuer une assise? Il est donc probable qu'à fort peu d'exceptions près, Sparte se trouvait au temps de Fourmont comme après ses ravages dans le même état qu'aujourd'hui. Seulement les atterrissements ont continué leurs progrès naturels, et beaucoup de monuments, dont les bases étaient à fleur de terre ou un peu exhaussées au-dessus du sol, sont aujourd'hui cachés sous quelques pieds de terre végétale.

Dans l'examen que je comptais faire de l'emplacement de la ville antique, je me dirigeai d'abord vers les collines situées près de l'Eurotas et le long desquelles j'avais en arrivant aperçu quelques restes de constructions. De ces quatre collines qui se joignent, la plus élevée est celle qui s'avance par une pente abrupte jusqu'à la route actuelle de Tripolitza.

Sur le versant de cette colline qui fait face au Taygète est adossé, près de l'emplacement de l'antique Agora, l'amphithéâtre de la Sparte antique, la concavité de l'hémicycle tournée vers la ville. Les grands murs d'appui des deux extrémités de cet hémicycle sont parfaitement conservés dans toute leur hauteur. Les gradins destinés aux spectateurs sont aussi très-bien conservés dans le haut; seulement la terre les recouvre parfois et des herbes puissantes les ont parfois disjointes; l'enceinte est du reste parfaitement marquée le long de la colline.

Le long de la troisième et de la quatrième de ces collines, du côté de l'Eurotas et sous les soubassements même d'une muraille byzantine qui enceint les quatre collines, sont les fondements de quatre temples antiques, dont trois sur la troisième colline et un sur la quatrième. Ce sont comme presque toujours de vastes pierres quadrilatères. A quelques pas au-dessous de ces ruines de temples, je remarquai une inscription grecque en belles lettres un peu brisées, sur une pierre de six pieds sur trois. Les dix lignes étaient parfaitement lisibles, et je la copiai. Elle n'aura sans doute pas échappé aux savantes investigations de M. Lebas.

Une autre pierre située quelques pas plus loin, près des soubassements d'un autre temple, porte aussi une inscription du même temps : mais les lettres en sont presque toutes effacées, et je n'ai pu la lire d'une manière qui me satisfît.

Sur ces quatre collines, unies et fermées comme je l'ai dit par un mur d'enceinte de construction byzantine, apparaissent encore beaucoup de traces de monuments antiques. Dans les murs mêmes on voit des multitudes de colonnes enfoncées en tout sens, tantôt dans la largeur du mur et tantôt dans sa profondeur, les unes presque entières, d'autres détachées par assises et quelques autres coupées en morceaux. Les ruines de plusieurs églises byzantines, disséminées dans l'intérieur de cette enceinte, offrent aussi un bon nombre de fragments de colonnes et d'assises arrachés aux édifices antiques qui en étaient voisins.

En descendant de ces collines pour m'avancer dans la vallée intérieure, je remarquai, au bas de la plus haute des quatre collines, les

restes d'un ancien édifice public qui m'a paru être des temps romains.
Il était d'une étendue assez considérable, comme s'il eût été destiné à
quelque grand établissement militaire. Quelques débris antiques apparaissent aussi dans ses murs. On en trouve d'autres en plus grand
nombre encore dans les ruines d'une église un peu au delà. Une autre
petite église, située un peu plus loin et d'apparence fort ancienne,
contient quelques débris de statues et de bas-reliefs réunis dans les
champs voisins à mesure qu'on les retrouve; car les Grecs actuels
montrent partout un grand respect pour les restes helléniques, et une
fois qu'ils sont réunis dans l'église la plus ruinée, ces débris sont là,
sous la foi de la piété publique, aussi en sûreté qu'ils le seraient chez
nous dans le musée le mieux gardé. Parmi ces restes un grand fragment
de statue drapée de grandeur naturelle, mais sans tête et sans pieds,
m'a semblé d'un assez beau style. Quelques autres fragments de têtes,
bustes, statuettes, inscriptions, ont été réunis dans la maison du gouverneur et sont destinés à former un musée. On m'a dit que, depuis
mon passage, un incendie a détruit la maison du gouverneur, mais
ces monuments réunis près de la fenêtre dans une seule chambre ne
peuvent avoir été complétement détruits. J'y ai remarqué une sta-
tuette de Mercure en marbre blanc, de deux pieds de hauteur, qui était
un fort joli morceau; il n'y manquait qu'une main et les deux pieds.
Il s'y trouvait aussi plusieurs inscriptions que le gouverneur m'a dit
avoir relevées.

Au delà de la petite église dont je viens de parler, en se rapprochant
de la ville moderne, du côté de la route de Tripolitza et près des cours
d'eau qui fertilisent cette plaine, sont les ruines d'un monument antique en pierres quadrilatères. Il n'existe plus que des murailles tout
unies. La forme n'indique pas un temple antique; peut-être était-ce
un heroum. Les traditions populaires du lieu sont que c'est là le tombeau de Léonidas, qui aurait été rapporté à Sparte après sa mort aux
Thermopyles, et placé dans cette sorte d'heroum qui lui aurait été
consacré.

De là, toujours à cheval, car la distance à parcourir est assez considérable, je traversai des champs d'oliviers et de mûriers pour aller,
bien au delà de la chaîne des quatre collines, redescendre vers les
bords de l'Eurotas. C'est une promenade délicieuse. L'Eurotas coulait
sans doute autrefois le long d'une circonvallation naturelle assez élevée dont il est éloigné aujourd'hui de quelques centaines de pas seulement, et les terrains qu'il a abandonnés ont formé des terres maraî-
chères excellentes et bien cultivées. A l'extrémité de cette sorte d'espla-

nade, en vue d'une plantation de beaux peupliers qui s'étend jusqu'à l'Eurotas dans l'endroit où il se rapproche de la rivière Magoula, qui arrive obliquement de l'intérieur de la plaine pour se joindre à lui, on aperçoit, à quelques pas du bord de l'esplanade, sur sa hauteur, un tombeau creusé dans une sorte de pierre rougeâtre. Le couvercle en a été enlevé, brisé et jeté à quelques pas de là, sans doute par quelque curieux rechercheur de trésors, car c'est là surtout ce qui fait briser les tombeaux, à moins q'on ne les détruise, comme Fourmont, pour faire parler de soi. Sur ce couvercle est sculptée en haut relief une statue drapée d'une grandeur supérieure à la taille naturelle. Toute la partie très-saillante de ce haut-relief est brisée, et on n'aperçoit plus que le tour du corps, la jambe et le pied. Les croyances populaires donnent ce tombeau comme celui du roi Agis. Autant qu'il est possible d'en juger par ce qui a été conservé, il est probable que c'est un tombeau de l'époque romaine.

C'est à peu de distance de là, dans l'angle même formé par les deux rivières d'Eurotas et de Magoula, dans ce lieu couvert, comme je l'ai dit, de fort beaux peupliers, et alors orné de magnifiques platanes, si beaux, si abondants, si majestueux en Grèce, que se trouvait, comme je le pense, le célèbre Platanistas où joutaient les jeunes gens et les jeunes filles de Sparte, en présence du peuple qui pouvait se réunir en foule nombreuse sur ces rives élevées.

Continuant ensuite ma promenade au sud de la Sparte actuelle, mais en m'en rapprochant dans la direction du village de Magoula, j'allai visiter une colline isolée sur laquelle je remarquai les ruines d'un temple antique. On a de là une fort belle vue de la vallée de l'Eurotas. Cette colline serait facile à cultiver et à planter; et comme elle n'est qu'à un quart de lieue de la ville, on pourrait la transformer aisément en un jardin ou parc fort agréable aux habitants de la Sparte moderne. Arrivé à Magoula, j'aperçus près du moulin une petite église qui me parut intéressante. C'est la célèbre église mentionnée dans les actes du moyen âge sous le nom de l'Assomption (κοίμησις τῆς Θεότοκου). Le nartex extérieur est ouvert et orné de colonnes enlevées à des monuments antiques, et le pavé est en mosaïque; mais le torrent de la Magoula s'en va la détruisant et l'entraînant peu à peu. Au moment où je la visitai, la Magoula était si humble que je dédaignai le pont et la passai à gué; mais c'est souvent au printemps un torrent des plus fougueux. L'emplacement de l'antique Sparte m'a paru s'étendre sur un diamètre de plus d'une grande demi-lieue.

La ville d'Amyclée, aujourd'hui Sclavo-Chorio, n'était qu'à une lieue de Sparte dans la plaine. Malgré toutes mes recherches, je n'y pus trouver que quelques colonnes brisées, éparses çà et là dans les champs, et deux restes de temples antiques servant de soubassement à des églises. Je m'enquis des habitants si du moins ils ne posséderaient pas quelques médailles, retrouvées en labourant leurs champs. On m'en apporta un grand nombre. Un fort petit nombre étaient helléniques, le reste était ou byzantin ou franc de l'époque des Ville-Hardoin.

L'emplacement de la Lakédémonia byzantine est déterminé de la manière la plus incontestable par les murs byzantins qui enceignent les quatre collines sur lesquelles sont réparties les ruines de beaucoup d'églises. Cette enceinte pouvait certainement suffire à une population d'une quinzaine de mille habitants. Le récit de la Chronique de Morée coïncide parfaitement avec cet emplacement. Le jeune Geoffroi de Ville-Hardoin, neveu du maréchal de Champagne et de Romanie, l'attaqua dès l'origine de la conquête, en 1206. Il arriva du côté de Nicli, c'est-à-dire de Tripolitza, et, après avoir passé l'Eurotas, arriva au pied des quatre collines qui dominent ses rives.

« Lakédémonia, dit le chroniqueur (1), était une grande ville bien garnie de tours et de murailles fabriquées de chaux.

Μεγάλη χώρα ἦτον
Μὲ πύργους τε καὶ μὲ τειχιὰ ὅλα μὲ τὸν ἀσβέστην.

» Les habitants s'étaient vigoureusement fortifiés avec la ferme intention de ne pas se rendre. Pendant cinq jours les Francs tournèrent jour et nuit, en combattant sans interruption, autour de la place, et ils dressèrent les trébuchets (2) qu'ils avaient amenés de Nicli. Enfin, après un grand carnage et la destruction des tours, la ville, cédant à la force, capitula et obtint, par une convention garantie sous serment, que les habitants conserveraient leurs maisons et leurs priviléges. »

D'intervalle à autre, sur cette enceinte de murailles de ciment, on distingue encore les ruines des anciennes tours, et des ruines d'aqueducs, qui prouvent que l'eau y était apportée des montagnes voisines.

Après leur traité avec les Français, les Grecs continuèrent à demeurer dans la ville; mais il fallait aux Francs une position plus forte que celle-là pour s'y maintenir avec sûreté contre des populations

---

(1) P. 51, de mon édition du ms. de Paris.
(2) Τὰ τριμπουτζέτα.

étrangeres. Ils n'occupèrent et ne fortifièrent Lakédémonia que plus tard (1).

Le prince Guillaume de Ville-Hardoin, fils de Geoffroi II et neveu de ce premier Geoffroi qui s'était emparé de Lakédémonia, comprit qu'il fallait une position tout à fait redoutable, pour contenir un pays environné de tant de populations guerrières des montagnes; et, après s'être rendu maître de Monembasie vers 1248, il se mit à parcourir le pays pour mieux apprécier par ses yeux ses moyens d'attaque et de défense.

« En parcourant ces divers lieux, dit le manuscrit grec du *Livre de la Conqueste* (2), son attention s'arrêta sur un monticule, remarquablement placé dans la montagne (du Taygète) au-dessus de Lakédémonia, à un mille et plus. Au-dessus de ce monticule il fit construire une forteresse qu'il appela Mesithra, du nom qui était donné dans le pays au monticule. Le château qu'on y bâtit était très-beau et très-fort. »

Suivant les Grecs, ce nom vient d'une sorte de lait caillé, appelé mesithra. Ce nom de Mesithra s'est altéré depuis, et c'est sous celui de Misitra et Mistra que cette ville est connue aujourd'hui.

Le lieu avait été bien choisi, et Guillaume de Ville-Hardoin avait su le rendre plus redoutable encore par l'intelligence avec laquelle avait été construite sa forteresse et le reste des fortifications de sa nouvelle ville, qui s'étendaient jusqu'au torrent qui coule au bas de la montagne. Mais quinze années s'étaient à peine écoulées, que ces travaux, si bien entendus dans l'intérêt du maintien de la domination des Francs, furent tournés contre eux. Guillaume de Ville-Hardoin, fait prisonnier près de Castoria et de l'Olympe en 1259, apprit pendant sa captivité que Constantinople venait d'être perdue par l'imprévoyance des Français, et il se vit forcé, pour ne pas perdre lui-même le reste de la principauté de Morée en restant prisonnier, d'abandonner pour sa rançon à l'empereur Michel Paléologue trois forteresses importantes construites par lui : Monembasie, qui était un point facile à défendre par mer et propre à alimenter ou à contenir l'indiscipline des montagnards de la Tzaconie; Mégalo-Mani, aujourd'hui, peut-être le Château de la Belle, près de Mezzapo, destiné à contenir le Magne, et la

---

(1) *Livre de la Conqueste*, p. 189.
(2) P. 93.

belle forteresse de Mesithra, à l'aide de laquelle il dominait toute la plaine de Laconie.

Dès le moment où les empereurs grecs eurent ressaisi entre leurs mains cette partie de la Morée et eurent envoyé un grand dignitaire et souvent un membre de leur famille pour résider à Mesithra avec le titre de despote, les Grecs de l'ancienne ville byzantine de Lakédémonia et ceux de la vallée commencèrent à s'y réfugier, en abandonnant la ville moins forte de Lakédémonia. « Si se partirent (les Français) de present, dit le *Livre de la Conqueste* (1), et alerent à la Cremonie (Lakédémonia). Et quant il furent là, si troverent que la plus grant partie des Grex qui estoient habitant à la cité, s'estoient parti et alés à Misitra; car la gent de l'empereor les avoient fortrait et fait aler à Misitra. Et quant li princes fu venus à la Cremonie, si trova que la cité estoit vuyde de la gent qui estoient citien et habitatour de la cité. Si en fu auques dolens. Lors ordina et furny de Latins et de Grex leurs maisons et leurs terres et possessions ; et li princes si estoit plus seur d'eaux que des autres Grex qui estoient alé au chastel de Misitra. »

Le prince Guillaume comptait se faire ainsi un point d'appui de Lakédémonia; mais il avait trop bien conçu le plan de Misitra. Les Grecs non-seulement ne perdirent plus le terrain qu'ils avaient obtenu par traité, mais ils allèrent sans cesse inquiétant les Français et étendant leur domination. A dater de ce jour, Misitra, capitale de la Laconie, est mentionnée assez fréquemment dans les historiens byzantins sous le nom de Sparte. G. Phrantzi entre autres la mentionne toujours sous ce nom.

Guillaume de Ville-Hardoin, dit-il (2), céda à l'empereur Sparte en Laconie, τὴν λακωνικὴν Σπάρτην. Le despote Théodore, dit-il ailleurs (3), vendit à l'ordre de Saint-Jean de Jérusalem la seigneurie de

---

(1) P. 189.

(2) P. 17.

(3) P. 63. On retrouve dans le Codice diplomatico des chevaliers de Saint-Jean un acte relatif à ces négociations, le voici :

« Universis et singulis inspecturis et audituris præsentis recognicionis et quictacionis literas :

» Nos, frater Philippus de Nailhaco et nos conventus Rodi domus ejusdem, notum facimus, recognoscimus et in verbo veritatis, tenore præsentium, de nostrâ certâ scientiâ, invicem deliberato consilio, testamur: quoniam illustris et magnificus dominus Theodorus, despotus Porphyrogenitus, de omnibus et singulis trac-

d.

Sparte, τὴν τῆς Σπάρτης ἀρχὴν; et de même dans plusieurs autres passages; et cette fausse application des noms classiques a causé plus d'une erreur. L'église seule conserva le nom de la Lakédémonia byzantine, qu'elle transporta aussi à l'évêque de Misitra, qui porte encore le titre d'évêque de Lakédémonia.

Après les Grecs, les Turcs continuèrent à regarder Misitra comme une de leurs forteresses les plus importantes. Sous les Vénitiens, qui occupèrent momentanément la Morée depuis l'année 1686 jusqu'à l'année 1715, elle eut jusqu'à 22,000 habitants. Depuis la dernière révolution seulement, Misitra a perdu son relief. La confiance dans un gouvernement national a permis de renoncer aux lieux hauts pour venir habiter les plaines, et peu à peu on redescend de la montagne de Misitra pour venir s'établir à Parori, dans le bas et en dehors de la ville, ou même sur l'emplacement de la Sparte antique, bien que de vieux attachements, de belles eaux et une vaste école où deux maîtres donnent des leçons à 80 jeunes garçons auxquels on concède des chambres gratis, à condition qu'ils se nourriront comme ils pourront avec la sobriété grecque, attirent encore à Misitra.

C'était la ville et la forteresse de Misitra qu'il m'importait surtout

---

tatibus, pactis, promissionibus, convencionibus, obligacionibus inter eumdem seu alium vel alios suo nomine, et nos, de et super despotatu Græciæ seu Romaniæ et castellaniâ Corinti, habitis et gestis, aliisque pecuniis, rebus et bonis, in quibus consistant, à nobis per eum receptis, et omni eo in quo nobis tenetur seu teneri posset, à toto tempore præterito usque ad diem subscriptum, quovis titulo, ratione sive causâ, nobis integraliter satisfecit et nos contentavit. Et perindè de eodem illustri et magnifico domino Theodoro bene contenti et pagati, eumdem dominum despotum ejusque hæredes et successores, et eorum bona, tenore præsentium, de nostrâ certâ scientiâ absolvimus et quictamus. Nec non de nostrâ certâ scientiâ, invicem deliberato consilio, auctoritate præsentium, de omni eo quod inter prefectum dominum despotum et dictæ domus fratrem Dominicum de Alamaniâ procuratorem nostrum à nobis missum se cæteris causis ad eumdem dominum despotum tractatum et concordatum fuerit, seu tractari conveniri contingerit, à die subscriptâ usque ad diem contentamenti et conclusionis inter eosdem dominum despotum et fratrem Dominicum fiendi, contenti ex nunc, et ex tunc prout ex nunc, dictum dominum despotum, hæredes et successores suos, eorum bona præsentia et futura liberamus, absolvimus et quictamus.

» In cujus rei etc.

» Datum Rodi, die sextâ mensis aprilis, anno incarnationis Domini 1404. » (N° 87, p. 110, t. II du Codice diplomatico del sacro militare ordine Gerosolimitano. in-fol. Lucques, 1737.)

de visiter. Le sentier qui conduit de Sparte à Misitra passe à travers
d'épais vergers, ou plutôt des bois de mûriers et d'oliviers, dont de
nombreux cours d'eau entretiennent la verdure. Le thermomètre mar-
quait 32 et 33 degrés de Réaumur dès cinq heures du matin, lorsque
je visitai la Laconie à la mi-juillet; et cependant les maïs, les vignes,
toutes les herbes étaient aussi verdoyantes qu'elles le sont chez nous à
la mi-mai; et, bien que les mûriers eussent déjà revêtu leur seconde
feuille, ils étaient d'un vert aussi tendre et aussi touffu qu'au printemps. Misitra est en effet, comme dit la Chronique de Morée, à une
heure de la ville byzantine de Lakédémonia. Je laissai gauche, à un
quart d'heure de vue, après avoir franchi la Magoula, un rocher perpendiculaire que l'on donne comme le rocher des Apothètes, d'où,
selon Plutarque dans la *Vie de Lycurgue*, on précipitait les enfants
spartiates contrefaits, et j'arrivai près de Parori, de ses belles eaux et
de ses bois d'orangers; au pied de la montagne sur laquelle est bâtie
Misitra. Une gorge fort étroite, en pente fort rapide dans le fond et
tout à fait abrupte du côté du mamelon de Misitra, sépare ce contrefort du Taygète d'un autre mamelon qui s'échappe de la même chaine.
La ville se continue depuis le pied du mamelon jusqu'au faîte au-
dessus duquel est placé le Castro. Il faut, pour arriver à la ville, des-
cendre le bord escarpé du Knakion, dont les eaux, réparties en divers
canaux, fort gênants à traverser à cheval, sont détournées dans l'intérêt
de l'irrigation des champs; puis, après avoir franchi un pont beaucoup
plus âpre encore, on se trouve dans de petites rues à descente préci-
piteuse. La ville est divisée en trois parties : Kato-Chori, Meso-Chori
et le Castro. Kato-Chori et la partie inférieure de Meso-Chori sont
seuls habités aujourd'hui. En s'élevant d'une manière un peu rude
dans Meso-Chori, on aperçoit d'abord devant soi une fort belle église
de forme tout italienne. Au-dessus du portique s'élève une colonnade,
ouverte comme les Loggie de Florence, qui plane au-dessus de toutes
les maisons, et à l'extrémité de cette colonnade surgit une tour de
forme latine. A cette église, surmontée d'un joli clocher latin de fort
bon goût, est annexé un couvent que, trompé d'abord par l'affection
de G. Phrantzi pour les noms classiques, j'avais vainement cherché à
Sparte le couvent de la Mère-du-Sauveur ou de Ζωοδότου πήγη
Georges Phrantzi raconte que la belle Théodora Tocco, fille de Léonard
Tocco, nièce de Charles de Tocco, comte de Céphalonie, duc de Leucade
et despote d'Arta, et femme de Constantin Paléologue qui fut le dernier
des empereurs de Constantinople, étant morte, en novembre 1430, à
 antameri (ou Saint-Omer en Morée, du nom de son fondateur le sire

Nicolas, châtelain de St-Omer), au grand regret de son mari et de toute sa maison qui admirait sa parfaite beauté, son corps fut d'abord transporté dans une des églises de Clarentza, puis de là dans le monastère de Zoodotos à Sparte.

Καὶ μετὰ ταῦτα ἀνεκόμισαν αὐτὴν εἰς τὴν ἐν τῇ Σπάρτῃ τοῦ Ζωοδότου μόνην. (P. 154.)

Le même historien raconte que Cléophas Malatesta, femme du despote Théodore, frère de Constantin, y fut inhumée aussi en 1433.

Καὶ ἐτάφη ἐν τῇ Ζωοδότου μόνῃ. (P. 158.)

Je visitai avec soin l'église appelée Pantanasia, qui est toute moderne et me semble avoir été construite par les Vénitiens pendant leur occupation de la Morée de 1686 à 1715. Ce n'était pas là que pouvaient être les tombeaux de Théodora Tocco et Cléophas Malatesta. Ils ne pouvaient être que dans le monastère adjoint à l'église, mais en bonne partie ruiné. Je cherchai à me faire jour au milieu des décombres, mais je trouvai les passages obstrués. Je fis venir plusieurs des habitants et m'enquis des tombeaux. Tous furent unanimes pour me dire qu'ils les connaissaient bien et qu'ils étaient placés au milieu des ruines du cloître; mais il me fut impossible d'y parvenir. Je dus donc me contenter de prier le gouverneur de la province de faire déblayer de ce côté, de faire rechercher ces tombeaux, d'en relever les dessins, les épitaphes et les armoiries, et de les publier dans les journaux littéraires d'Athènes.

Je laissai mes chevaux dans les ruines du couvent pour monter au Castro, car la pente devenait de plus en plus rude. En montant quelque peu, je me trouvai sur une grande place entourée de bâtiments assez vastes, connus dans le pays sous le nom du Palais de la princesse, Βασιλισσήπουλα. Peut-être était-ce là en effet, au temps des empereurs, de 1263 jusqu'à la conquête turque à la fin du xv⁵ siècle, la résidence des despotes impériaux de Misitra?

Il faut une demi-heure d'ascension à travers des ruines de maisons et d'églises pour arriver de là jusqu'à la forteresse. Depuis la révolte des Maïnotes en 1770, cette partie haute de la ville, dans laquelle quelques-uns s'étaient réfugiés lorsque l'entreprise russe eut échoué, ayant été prise, ravagée et incendiée par les troupes albanaises, elle n'a pas été rétablie depuis. Les fortifications du Castro de Guillaume de Ville-Hardoin avaient plusieurs lignes de murailles flanquées de tours. Une des tours carrées se voit encore dans la partie la plus basse du Castro, sur le versant à droite, et on retrouve çà et là de grands pans de murailles de la construction primitive, qui a successivement été modifiée par les despotes grecs de Misitra, par les Turcs et par les Vénitiens. Pour arriver à la partie supérieure, qui est élevée de 634 mètres au-dessus du niveau de la mer, il faut grimper à travers des décombres de passages, de murs et de maisons. On n'y remarque plus que quelques restes du mur ancien et du chemin de ronde; le reste a été reconstruit assez récemment. En faisant des fouilles de ce côté il y a quelques années, on a trouvé des cottes de mailles de nos anciens chevaliers et des débris d'armures du temps français. En 1827 entre autres, en faisant quelques travaux à la forteresse, tout en haut auprès de la porte, on trouva une cuirasse et des jambards de fer, et dans le même endroit les restes d'un tombeau dans lequel se trouvaient un casque à visière et une cotte de mailles qui était tout à fait brisée. Quelques parties de la cotte de mailles ont été offertes au roi. Quant aux jambards, à la cuirasse et au casque à visière, ils ont été dispersés et vendus, me dit-on, dans les îles Ioniennes. Je n'aperçus aucun écusson blasonné sur les murailles ni au-dessus des portes. Cette ville a été si souvent ravagée qu'il est même fort étonnant qu'on puisse encore y retrouver, après six siècles, de faibles traces de ce qui existait.

Le soin donné aux fortifications de Misitra par les divers possesseurs de la Morée prouve combien Guillaume de Ville-Hardoin avait montré de discernement dans le choix qu'il en avait fait. Aujourd'hui ce n'est plus qu'un point de vue difficile à aller chercher, mais délicieux quand on est arrivé. Au-dessous de soi on a un profond ravin, couvert dans toute sa pente de terrains en culture, entre-coupés de vergers épais d'arbres de toute sorte. De tous côtés la montagne est à pente âpre, mais du côté où le Pentelimona la sépare d'une autre roche droite, de laquelle elle paraît avoir été séparée par force, la coupe en est tout à fait perpendiculaire. La féconde vallée de l'Eurotas se développe au pied dans toute sa grandeur. Partout on a autour de soi la chaîne magnifique du Taygète, celle du mont Menelaüs et celle du Lyco-Vouno avec son vieux château franc qui apparaît dans le lointain, et entre les pics de montagnes l'œil s'étend jusqu'à l'île de Cythère et à la partie de la baie de Vatica et du golfe qui sépare cette île de celle d'Elaphonisi et du cap Malée.

Comme le soleil se couche de meilleure heure à Misitra, à cause de la hauteur perpendiculaire des sommets du Taygète derrière lequel il disparaît, il faut ne pas se laisser arrêter trop long-temps au Castro, si on veut jouir encore de la beauté d'un paysage du soir en redescendant à Sparte. Plusieurs fois j'ai fait cette excursion, et à chaque fois ce paysage me paraissait nouveau et plus beau encore. A ma première visite, je redescendis du Castro par le village appelé Diaselo, du nom du passage de montagne ou port sur lequel il est bâti, et dans la partie supérieure de Kato-Chori j'allai visiter la métropole, consacrée à Saint-Démétrius, et l'ancien palais archiépiscopal qui y est annexé. Le palais est aujourd'hui la résidence du curé qui dessert cette église et qui est frère de l'archevêque actuel de Lacédémonie, Meletius, que je rencontrai en visite chez son frère. Nous visitâmes l'église ensemble. Sur la porte d'entrée on lit une inscription grecque gravée sur pierre, qui porte que cette église a été bâtie par l'archevêque Nicéphore en l'an 1312. On retrouve aussi une autre inscription grecque, gravée sur marbre à la même époque et placée sur le mur extérieur à droite de l'église, au-dessous d'une sorte de petit porche ruiné. L'église est assez vaste, mais n'a rien de remarquable. Sur cinq des colonnes de marbre qui sont des deux côtés de l'église, se trouvent de longues inscriptions gravées en caractères ecclésiastiques du haut en bas de la colonne. J'y lus des renseignements sur les diverses possessions de l'archevêché de Lakédémonia, et j'y remarquai entre autres la date de l'an 6849 du monde ou 1341 de Jésus-Christ.

Voyant l'intérêt qu'avaient pour moi ces études du moyen âge, l'archevêque Meletius me dit qu'il possédait un manuscrit de l'archevêché de Lakédémonia qui pourrait me sembler intéressant, et il s'offrit à me le prêter et me permit de prendre copie des passages qu'il me paraîtrait bon de conserver et de publier. Ce manuscrit est presque une reproduction de tout ce qui se trouve gravé sur les colonnes.

C'est un volume grand in-4°, sur papier, d'une écriture grecque de l'année 1755. On lit en tête :

Κόνδιξ ἱερὸς τῆς ἁγιωτάτης μητροπόλεως Λακεδαιμονίας, ἐν μητροπόλει αψνε (1755) κατὰ μῆνα μάρτιον..

A la suite viennent dix pièces de vers grecs, en honneur de l'archevêque Ananias par lequel fut compilé ce manuscrit épiscopal; puis viennent les biographies en prose de onze archevêques grecs, qui se sont succédé sur le trône épiscopal de Lakédémonia, depuis Nicéphore jusqu'à Ananias sous lequel ce livre fut écrit, c'est-à-dire depuis le jour où, à la suite de l'abandon fait par Guillaume de Ville-Hardoin de la ville de Misitra, l'église latine y fut remplacée par l'église grecque. On trouve dans Wadding, Annales des frères mineurs, à l'an 1278, le 15 des calendes de septembre, une mention faite de cette dépossession de l'évêque latin, qui s'appelait alors Haymon,

« Episcopo Olonensi (d'Olène ou d'Andravida en Morée), priori prædicatorum et guardiano minorum de Clarentiá (Clarentza en Morée) ejusdem diœcesis Olonensis scripsit (1) Nicolaus tertius ut Haymonem, episcopum Lacedemoniæ in Peloponneso, à Græcis occupatæ, ad ecclesiam Coronensem (Coron en Morée, appartenant alors aux Vénitiens depuis 1248), etiam in Peloponneso et Messeniæ tractu sitam, à capitularibus postulatum, in eádem, auctoritate apostolicá admitti et à prioris ecclesiæ vinculo absolvi curarent. » (T. 2, p. 453, édit. in-f° de 1628.)

Nicéphore paraît avoir été l'évêque grec qui fut envoyé par Paléologue pour remplacer l'évêque latin Haymon, avant que cet empereur, par crainte de Charles d'Anjou, eût déclaré reconnaître la suprématie de l'église romaine.

Voici l'article sur Nicéphore, tel que le donne le Codex de l'archevêché de Lakédémonia :

« De l'ancienne ville de Sparte (2) Nicéphore fut transporté dans le lieu alors nommé Mesythra, et appelé aujourd'hui Misithra (3). Autant qu'il nous est possible de l'apprendre (car nous ne le trouvons dans aucun livre ni dans aucune tradition, tant ce lieu est resté inaperçu des écrivains pendant tant de siècles), après divers changements de souverains et après la domination des Césars de l'ancienne Rome sur toute la Grèce, le christianisme s'étant enfin fait jour, il semble que Sparte fut habitée et professa enfin le christianisme pendant plusieurs siècles, comme le firent Tégée, Mantinée et Mouchli. Les autres villes antiques, telles que Arcadia, Megalopolis, Messène et autres semblables, devinrent désertes. C'est du moins ce qu'on peut dire par conjecture, car on trouve à Sparte, et en particulier dans l'endroit appelé Magoula, d'anciens temples, des croix et des inscriptions. Mais dans quel siècle et sous quel règne Sparte reprit-elle naissance? cela est incertain. Mais comme ses murailles, c'est-à-dire celles de Misithra, paraissent fort coûteuses et tout impériales, bien que la tradition du pays soit que Misithra est une fondation du prince (c'est-à-dire de

---

(1) In litter. curial. reg. Vatic. Epist. 110. « Transmissa nobis, etc. 15 kalend. septembr. »

(2) Τῆς παλαιᾶς πόλεως Σπάρτης.

Il veut probablement dire la Lakédémonia byzantine que j'ai mentionnée, car Sparte n'existait plus comme ville.

(3) Voyez à la suite de ce mémoire les fragments du Κόνδιξ, Annexe A.

Guillaume de Ville-Hardoin, toujours désigné sous ce nom) ainsi que
le sont beaucoup d'autres villes semblables dans l'intérieur du Péloponnèse, cependant ce qui nous fait hésiter à attribuer à lui seul la
construction de ces murs, c'est qu'ils sont doubles, l'ancienne fondation et la nouvelle. Quant à moi, il me semble que ces murs sont
dus aux empereurs orthodoxes; car j'ai trouvé qu'au moment de leur
plus haute puissance, ils firent aussi construire beaucoup de forteresses
dans le Péloponnèse, et je pense que celle-ci est l'une d'elles.

» Les châteaux qui existent aujourd'hui en Morée et sont habités,
portent tous la marque des Occidentaux, bien qu'ils aient été fon-
dés par nos empereurs, mais ils ont été restaurés par les Francs. Il en
est de même de celui dont il s'agit, et le fort qui a été bâti sur le
faîte a été bâti au nom des Français.

» Au temps des Césars de Rome, lorsque les Romains éten-
dirent leur puissance partout, et que l'état déplorable des Spartiates et le manque d'hommes les découragèrent, ils construisirent
peut-être cette nouvelle ville comme un lieu de refuge. Quand les
Francs s'en emparèrent, les puissants et les riches l'avaient aban-
donnée, et les pauvres furent soumis à l'esclavage. Plus tard elle fut
restaurée par ses citoyens, et le mur fut agrandi long-temps après, pendant les temps d'anarchie. Comme Sparte a adopté plus tard le
christianisme, force est que la religion y fût en vigueur, que les
églises fussent ornées, et que la métropole y fût maintenue, autant que
nous pouvons le comprendre de saint .... qui, y trouvant un culte
épuré, y resta jusqu'à sa fin. Quant au nom des métropolitains et des
églises même ou de toute autre chose, il n'en existe aucune trace. Tout
s'est dissipé comme chose périssable, et s'est perdu en passant d'un
siècle à un autre, à l'exception de quelques traits de vertu agréables
à Dieu, dont on se souviendra éternellement.

» Dans la ville actuelle que nous habitons, nous trouvons que les
églises les plus anciennes sont la métropole, celle de la Pantanasia,
celle de Périvlebtos et celle qui est à Parori, et qui entre elles n'ont
aucune différence pour l'époque de leur construction.

» Quant à notre sainte métropole, qui porte le nom respecté du
grand et saint martyr Démétrius, elle a été fondée et bâtie par l'illustre Nicéphore, métropolitain de Lakédémonia. Nous trouvons son
nom en tête de tous nos archevêques (depuis les Latins), et nous le
rappelons dans nos prières comme notre vénérable fondateur. Ce fait
nous est certifié par une preuve manifeste, par une inscription placée
au-dessus de la porte de l'église, par d'autres inscriptions gravées, l'une

à l'extérieur sur une pierre au coin occidental, l'autre à l'intérieur sur une colonne. Là on trouve mentionné, comment il rivalisa en cela avec son frère Aaron, sous le règne des empereurs orthodoxes rentrés à Constantinople, et dans l'an 6820 du monde (1312 de J.-C.). »

Suit le distique en vers héroïques et un neuvain en vers ïambiques, tels qu'ils sont gravés en dehors de l'église.

« Quant à l'inscription placée sur la colonne, ajoute-t-il, elle se rapporte à d'autres fondations faites par les efforts du même archevêque en faveur de la métropole. Ce sont entr'autres des moulins à Magoula. Il y planta aussi des oliviers et un jardin, des vignes à Lefka, et acheta des maisons.

» Avant ces fondations il en existait beaucoup d'autres plus anciennes et de grands amas d'ornements et de vêtements propres à l'église et transmis par succession ; mais tout cela avait été dilapidé, par suite, tantôt de la difficulté du temps, tantôt de l'invasion des barbares, tantôt de la mauvaise garde et du défaut de soin de ceux qui l'avaient occupée pour le temps. Car, pendant tant de siècles, il était survenu beaucoup de bouleversements, de troubles civils et de guerres, et les différents pays, comme les trônes épiscopaux et les sceptres royaux, avaient passé des mains de nos bienheureux empereurs dans celles des Latins (les Français) et de divers princes italiens et occidentaux (les princes de la maison d'Anjou-Tarente) et de leurs femmes (1)(Catherine de Valois et Marie de Bourbon. Ce règne de deux femmes est fréquemment mentionné dans les auteurs byzantins contemporains). Et après eux ils appartiennent maintenant aux infidèles qui nous dominent. Mais il faut qu'enfin l'instable trouve sa station, l'infini sa fin, et que l'homme trouve Dieu. »

A Nicéphore succéda *Mathieu* sur le trône épiscopal de Lakédémonia. Tout ce que nous savons de lui, dit le Codex, c'est que nous trouvons son nom devant le jubé de la métropole.

A Mathieu succéda *Luc*. Nous lisons, dit le biographe, dans une inscription gravée sur une colonne, qu'il vint à Lacédémone par l'ordre de l'empereur. Il donne l'année 6838 du monde et 1330 de J.-C. comme l'époque de l'épiscopat de Luc.

Nilus succéda à Luc. Une inscription gravée sur une des colonnes apprend qu'il fit d'heureux efforts pour ajouter aux propriétés de l'église. D'après un manuscrit autrefois conservé à Dimitzana et qui était

---

(1) Ὡς καί γύναιξὶν ἐξ αὐτῶν.

ancien de plus de deux cents ans, il paraîtrait que Nilus était venu de Dimitzana à Lakédémonia. L'année 6849 du monde et 1339 de J.-C. est donnée par une inscription de la métropole comme celle où il florissait.

Dans le monastère de Saint-Jean-Baptiste-le-Précurseur, à Trypi, se trouve aussi une colonne sur laquelle est une inscription mentionnant, sous l'année 1340, les propriétés que Nilus assura de ce côté à l'évêché de Lakédémonia. Là, comme à Magoula, l'église était placée trop près du torrent, et le Knakion, dont la source est placée sur la pente supérieure de la montagne qui domine le couvent de Saint-Jean, et descend rapide et déjà puissant du haut de ses rochers, l'a insensiblement minée et en a entraîné une bonne partie. La colonne subsiste cependant encore; et si l'église du couvent, placée dans une situation ravissante, s'écroule avant peu, il sera facile de la transporter à Misitra, qui n'en est éloignée que d'une lieue.

Après Nilus on trouve une grande lacune dans la série des archevêques de Lakédémonia, jusqu'à l'époque de la conquête ottomane, où parut *Théodoret*, arrivé aussi de Dimitzana.

Puis on a une nouvelle lacune jusqu'à la conquête de la Morée par les Vénitiens sur la fin du XVIIe siècle, et le Codex donne pour cette dernière époque les noms des évêques *Gennadius*, *Kyprien*, *Joseph*, *Gabriel*, *Parthenius*, et enfin celui *Ananias*, auteur du Codex, qui arriva à l'épiscopat de Lacédémone au mois de février 1750.

Tout le reste du Codex est consacré à la transcription des donations faites à la métropole.

Ces codex métropolitains et ces inscriptions gravées sur les colonnes et indiquant, soit la date des diverses constructions, soit celle de l'intronisation des évêques, soit les diverses donations faites par eux et par les princes régnants, fournissent des faits qui jalonnent fort utilement ces sentiers obscurs de l'histoire du moyen âge, et le fait le plus insignifiant peut parfois jeter une vive lumière sur des faits beaucoup plus importants. Le Codex de Misitra et les inscriptions gravées sur les colonnes de la métropole, aussi bien que celles de la colonne du couvent de Saint-Jean à Trypi, mériteraient d'être publiées pour servir à une histoire de l'épiscopat grec en Morée. Dans le règlement fait sur la fin du IXe siècle par l'empereur Léon le Philosophe pour la préséance des 81 églises grecques (1), on voit que Lakédémonia était

---

(1) Leunclavius, Jus græco-romanum, T. II, p. 88 et suiv.

alors un des cinq évêchés suffragants de Patras. Nilus, qui vivait au
xie siècle, place aussi Lakédémonia parmi les évêchés suffragants de
la métropole de Patras. Ce ne fut qu'en l'an 1082 (6590 du monde)
que l'empereur Alexis Ier Comnène en fit un archevêché, en lui donnant
pour suffragants les trois évêchés de Karyopolis, d'Amyclée et de
Vresthena.

Sous la domination des Ville-Hardoin, Lakédémonia fut de nouveau
transformée en évêché et mise au nombre des suffragants du grand archevêché de Corinthe. Dans la première organisation de cette métropole, par sa bulle adressée à l'archevêque de Corinthe Gautier, en
date du 11 des calendes de juin, indiction xv, année 1212 de J.-C. et
15e de son pontificat, Innocent III ne lui avait d'abord soumis que les
évêchés de Céphalonie, Zante, Damala, Monembasie, Argos, Hélos et
Temenium dans le pays de Vatica (1). Avec l'extension de la conquête
latine, la nécessité d'une nouvelle répartition se fit sentir, et à ces évêchés on ajouta ceux de Lakédémonia, Maïna, Christianopolis et Mégalopolis, suivant Lequien. Puis, lorsque les places de Misitra et de
Monembasie furent cédées en 1263, par Guillaume de Ville-Hardoin,
aux empereurs grecs pour prix de sa rançon, une nouvelle circonscription eut lieu. Lakédémonia redevint métropole, comme au temps
d'Alexis Ier Comnène, et Monembasie fut également transformée en
archevêché. On a vu, par le Codex de l'archevêque Meletius, ce qui concerne la première. Les renseignements précis relatifs à la dernière,
c'est-à-dire la métropole de Monembasie, me sont fournis par un chrysobulle manuscrit inédit, dont j'ai pris copie à Athènes (2). Il est
adressé par l'empereur Andronic-Ducas-Ange-Comnène Paléologue,
au mois de juin 6800 (1282 de J.-C.), à l'archevêque de Monembasie,
qu'il autorise à porter tous les ornements archiépiscopaux et à en exercer toute la suprématie, en lui soumettant comme suffragants les
évêques de Kythouria, d'Hélos, de Mani, de Rhéondas et de Zemenos
ou Temenium (3). Le chrysobulle détaille ensuite les anciennes propriétés de cette métropole, et indique quelques autres évêchés, tels que

---

(1) Baluze. T. ii, p. 622.

(2) Voyez ce chrysobulle à la suite, Annexe B.

(3) Ἐπεὶ δέ ἔφθασεν προστεθῆναι πρότεροι τῇ τοιαύτῃ ἁγιωτάτῃ μητροπόλει
καὶ ἐπισκοπαὶ αὗται, ἡ τῆς Κυθουρίας, ἡ τοῦ Ἕλους, ἡ τῆς Μαΐνης, ἡ τοῦ
Ῥεόντος καὶ ἡ τοῦ Ζεμενοῦ.

ceux de Coron, de Modon et d'Androusa, et beaucoup de propriétés qui devraient revenir à la même métropole, mais qui, ajoute-t-il, se trouvent en ce moment sur le territoire des Latins.

On voit quel secours ce chrysobulle et les chrysobulles épiscopaux de la même époque peuvent prêter à l'histoire. Un chrysobulle inédit de Pathmos de l'an 1088, que j'ai copié sur un manuscrit de M. Ross, donne des renseignements plus curieux encore sur les diverses natures d'impôts, en spécifiant tous ceux dont étaient exempts les moines de Pathmos, et fait connaître en même temps le nom des peuples étrangers qui fournissaient alors des troupes soldées, et aussi les titres des divers offices publics.

Souvent aussi, sur les colonnes des églises, à côté de l'énumération des biens ecclésiastiques et à côté de la date de l'intronisation des évêques, se trouvent des dates purement historiques mêlées aux autres. Il y a à cinq heures à l'est de Lépante, dans la montagne la plus rapprochée de la petite île de Trizonia et presqu'en face de Vostitza, l'antique Ægium où Agamemnon, dont les domaines s'étendaient jusque-là, convoqua les chefs grecs pour les décider à marcher contre Troie, et où se réunissaient les représentants de la Ligue achéenne, un ancien couvent, nommé Varnakova. Voici ce qu'on lit sur les colonnes de l'église de ce couvent :

« Le seigneur Alexis Comnène (1) régna 37 ans. Il fut nommé le Débonnaire à cause de son caractère tout angélique. Il est enterré dans ce monastère de Varnakova, à gauche en entrant dans l'église.

» Après lui vint Jean le Hardi, qui régna 24 ans.

» Après lui vint Manuel Porphyrogénète. Il gît dans le même monastère de Varnakova, à droite en entrant dans l'église, vis-à-vis l'empereur Alexis, et il régna comme lui 38 ans.

» Les fondateurs de ce saint monastère de Varnakova sont : Alexis Comnène, Manuel Porphyrogénète, Ange-Ducas Andronic, et les susdits sont inscrits dans le Codex du monastère, et leurs noms sont commémorés dans les saintes cérémonies de la messe et les autres liturgies. »

Ensuite viennent des détails sur les propriétés du couvent et sur la situation et les limites de chacune. Plusieurs de ces possessions se trouvaient en Morée du côté de Patras. « A cette époque, est-il dit

______

(1) Alexis Ier, qui régna de 1081 à 1118. Voyez l'original grec à la suite de ce mémoire, Annexe C.

dans l'inscription en terminant, il y avait 96 moines dans le couvent, ainsi qu'on peut le voir par leurs cellules et par la transcription de leurs noms dans le Codex du monastère de l'an 1194. »

Sur le mur du monastère, en dehors des portes de l'église, on lit aussi une inscription en quatre lignes de laquelle il résulte que l'église de la Vierge dans ce monastère fut fondée en 1077, et celle de Saint-Jean en 1149.

Le peu que je viens de dire de ces Codex des monastères, de ces inscriptions sur les colonnes des églises, et de ces chrysobulles inédits donnés par les empereurs aux couvents et aux églises, prouve, il me semble, combien il serait utile que les Grecs s'occupassent de recueillir aussi ces monuments qui chaque jour se détruisent, et ont cependant leur utilité pour nous aider à nous retrouver à travers l'obscurité des âges passés, et rassembler, à côté des pages de gloire, les pages de malheurs, réunion qui seule peut compléter l'ensemble de l'histoire d'un peuple.

Mais suivons notre revue des antiques forteresses des Français en Grèce.

Après avoir bâti la grande forteresse de Misitra, le prince pensa que les deux forteresses baronniales de *Geraki* en Tzaconie, et de *Passavant*, ou Passava, dans le Magne, ne suffiraient pas pour contenir les habitants, et il fit construire :

Le *Grand-Magne*, qui est, soit le fort ruiné qu'on trouve au-dessus de Port-aux-Cailles, soit celui qui se trouve à la pointe de la presqu'île Tigani ;

Beau-Fort ou *Loutron* ;

Kisternès, près du cap de ce nom ;

Un autre fort, nommé aujourd'hui *Castro tis Oraias*, le *Château de la Belle*, sur le cap Grosso ;

Coutiphari, à l'entrée du Magne, du côté septentrional, avant même d'arriver à Passava.

Plusieurs de ces forts offrent encore des ruines imposantes, et assuraient alors la domination de toute la presqu'île du Magne (1).

Monembasie et la presqu'île de Vatica ayant été cédées dès 1263 par

---

(1) On retrouve beaucoup de ces dénominations dans un poème composé, il y a une quarantaine d'années, sur ce pays par Loucos de Chios. Je crois utile de le donner à la suite de ce mémoire. Voyez Annexe D.

les princes d'Achaïe aux empereurs grecs, ils n'eurent pas le temps d'y faire construire de forteresses franques.

En Tzaconie, et dans le pays des Melinges ou Esclavons, outre Geraki, qui est à l'entrée des montagnes du côté du midi, je trouve un château franc connu sous le nom de Château de la Belle, *Castro tis Oraias*, près de Meligou, entre Saint-Jean et Saint-Pierre, et il me semble que sa situation répond assez à celle donnée dans le Livre de la Conqueste à un des forts St-Georges; car il y en avait deux de ce nom; l'un dans le pays des Scortins dont il est question dans la donation de Charles-Quint à Hagi-Apostoli (p. xxxiii) sous le nom d'Ay-Jorgi-Scorta, et l'autre qui est peut-être celui près de Xero-Campo.

En remontant vers Nauplie je trouve le château franc d'Argos.

En remontant au-dessus d'Épidaure je trouve encore debout le château franc de *Piada*, réparé par le grand-sénéchal Nicolas Acciaiuoli, puis celui d'*Angelo-Castro*.

Plusieurs de ces noms aujourd'hui perdus se retrouvent dans un dénombrement de l'année 1391 (1), et qui contient les indications suivantes.

	feux.
La Voustice (Vostitza)	200
La Beguche	40
La Oreole (Rhiolo)	120
Chastel-Neuf	300
Le Flacto.	208
Le chastel de les Portes (Portais)	100
La Tour de la Gastogne (Gastouni)	30
Saint-Elie	40
La Tour de Godence	50
La Tour de la Christianie	80
La Mandrice (Mandritza)	100
La Combe	100
L'Escala	40
La Bicoque	40
La Glace	25
La Fenare (Phanari)	150
Saint-Archangel	100
Le Gravenil	200
La Turtada	100
Les Molines	40

Lieux du propre domaine en ladite princée.

	feux.
Clairence (Clarentza)	300
Clairmont (Khlemoutzi)	«
Belveder (Pontico Castro)	50
Saint-Homer (Santameri)	500
Porcellet (Arachova)	100
(Si est-en l'Escorte (Scorta).)	
Castel-de-fer (Sidero Castro)	100
(Si est-en l'Escorte (Scorts).)	
La Praye	200
(Si est-en l'Escorte (Scorta).)	
Druse (Androusa)	200
Port-Jonc (Navarin)	«
Calemate (Calamata)	300
Le Magne (Maïna)	40
Beau-Regard (Périgardi)	30

Dans une déclaration manuscrite des villes sur lesquelles les Vénitiens, après l'extinction de la domination française, prétendaient pos-

---

(1) Guichenon, *Preuves de l'hist. de Savoie.*

séder des droits en Morée en 1471, ou retrouve les désignations de quelques villes, à l'aide desquelles on pourra s'aider à retrouver les anciennes villes ou forteresses des Francs. Les voici, d'après la copie qu'a bien voulu me communiquer M. Mustoxidi pendant mon séjour à Corfou :

Dichiarazione di tutta la Morea, fatta nel 1471.

La Signoria (Venise) possiede :

La Croce, rovinata, il resto turco.	Arnaro-Castro.
Coranto.	Chillidona, r.
Vasco.	Bellover, r.
San-Zorzi Tropico.	Chiara-Monti.
Vassili, rovin.	Castelli, r.
Sillo-Castro, rov.	Rubelli.
Lirota.	Acora.
Altori, r.	Dimizana.
Farcalle.	Caritena.
Farsas.	San-Zorzi.
Foura, r.	Strezza.
Callarità.	Vendari.
Dracofeo, r.	Dirachi.*
Justizza, r.	Gradizzi-Piccolo.
Aito-Pedetoria.	Semiza-Casal.
Casalli.	Longatigo.*
Listrena, r.	Mantinea.*
Salmenico.	Screutas.*
Patrasso.	Modon.*
Sanavalli.	Castro.*
Sidero-Castro.	Verdonia.*
Cuzanaro-Castro.	Mistra.
Castrizi.	Moncinuiaco.*
Fanari de Malta.	Vico-Castro.*
Ancello-Castro.	Teologo.*
Paulo-Castro.	Zeraschi.
Camomenitza, r.	Alosisani.
Calladrizza.	Aspes.
Postena.	Janiza.*.
Riollo.	Coron.*
Triponia.	Vadica.*
Salluizza.	Malvasia.*
Sandameri.	Astro.*
Portes.	Astrissi.
Greveno.	Paltanos Villa.
Xerso.	Garipoli.*
San Biaso.	Comistavilla.*
Gardichi.	Arnavilla.*
Skalia.	Janina-Villa.
Starmi.	Histro.

II. GRÈCE CONTINENTALE.

Dans le partage qui suivit la prise de Constantinople en 1264, le marquis Boniface de Mont-Ferrat avait obtenu, en échange des provinces d'Asie, les provinces européennes de l'empire grec au midi de l'Hémus, à titre de royaume. Ses limites au midi étaient Athènes et le défilé de Mégare (1). Les Vénitiens avaient en partage divers lots au nord et au midi de ce royaume, tels que Arcadiopolis, Héraclée, Rhodosto, Panidos, Andrinople, Anchiale, Ganos, Hexamili, Gallipoli au nord, et l'Eubée, Égine, Salamine, la Morée presque tout entière, l'Étolie, l'Acarnanie, l'Épire, Zante, Céphalonie, Leucade et Corfou, au midi et à l'occident. Ils échangèrent d'abord les terres au nord, qu'ils ne pouvaient conserver sans grands frais, les unes avec Boniface moyennant l'île de Candie (2), les autres avec Baudoin, moyennant quelques priviléges. Quant aux provinces et îles du midi et de l'ouest, ils ne purent jamais en prendre possession, leur marine et les ressources de leur population étant insuffisantes pour conserver tant de pays ; aussi abandonnèrent-ils l'Eubée, la Morée, Égine, Salamine, aux entreprises des conquérants français, l'Étolie, l'Acarnanie et l'Épire, aux conquêtes de Michel Comnène, les îles voisines de l'Eubée, telles que Skyros, Skiathos, Skopelos, à ceux de leurs concitoyens qui voudraient en entreprendre la conquête à leurs risques et périls, et les îles Ioniennes au conquérant français qui les soumit. Ils cherchèrent d'abord à conserver Corfou ; mais, sentant bien que leurs ressources étaient insuffisantes à tant de conquêtes, ils abandonnèrent bientôt cette île à Michel Comnène, déjà maître d'Arta, et ils se contentèrent de réunir leurs forces pour conserver Candie.

Boniface de Mont-Ferrat, de son côté, voyant qu'il aurait un assez beau royaume en s'étendant de l'Hémus aux Thermopyles, et qu'il avait sur toute sa frontière deux voisins assez difficiles à contenir, le roi des Bulgares débordant par le nord, et le despote d'Épire débordant par le midi, concéda au conquérant de la Morée toutes les provinces de la Grèce continentale qui s'étendaient au midi des Thermopyles, depuis ce passage jusqu'à l'isthme de Mégare, y compris la seigneurie de l'Eubée, cession ratifiée ensuite par l'empereur Henri au congrès de Ravennique, en 1210.

La nouvelle principauté d'Achaïe eut donc pour états limitrophes, du côté des Thermopyles au nord, le royaume de Salonique, et à l'occident le despotat d'Étolie, d'Arta ou d'Épire, qui s'étendait jusqu'au Pinde.

Bientôt disparut le royaume de Salonique. Les provinces de Macé-

---

(1) Portum Atheneum cum pertinentia Megaron. (V. cet acte dans la chron. d'André Dandolo, coll. de Muratori.)

(2) V. Flaminio Cornelio, *Creta sacra*.

doine, conquises d'abord par les Comnène, qui avaient aspiré à l'empire, furent reprises par les empereurs grecs, et les Comnène durent se borner à la possession de la Thessalie, depuis l'Olympe jusqu'aux Thermopyles, qu'ils ajoutèrent à leur premier despotat d'Épire. Afin de mieux se défendre dans ces limites, et de s'étendre même au delà, Michel Comnène s'allia avec les princes d'Occident, et maria une de ses filles, Anne Comnène, avec Guillaume de Ville-Hardoin, prince d'Achaïe, et une autre, Hélène Comnène, avec Mainfroi, roi de Sicile, qui reçut en dot Corfou et une partie de la côte d'Épire, comprenant Subuto, Butbrinte, Avlona et Canina. Michel Comnène partagea à sa mort ses possessions d'Épire et de Thessalie entre deux de ses enfants, Nicéphore et le bâtard Jean. Nicéphore eut l'ancien despotat d'Étolie et d'Épire, dont la capitale était Arta; Jean eut la Thessalie jusqu'à la chaîne de Pinde, et fixa sa résidence à Neo-Patras, qui ne fut prise que plus tard par les Catalans. Lorsque plus tard une fille de Nicéphore, Thamar, épousa Philippe de Tarente, fils de Charles II, elle lui apporta en dot Lépante, Saint-Donat, etc., et toute la côte d'Étolie et d'Acarnanie; et comme la dot d'Hélène, femme de Mainfroi, avait à la mort de celui-ci passé dans les mains de Charles d'Anjou et de son fils Charles II, qui en avait cédé la possession à son fils Philippe, il s'ensuivit que de ce côté la principauté d'Achaïe eut pour état limitrophe le despotat nouveau de Philippe de Tarente. D'autre part le bâtard Jean, voulant aussi s'allier avec les Occidentaux, devint le beau-frère du duc d'Athènes, et lui céda, à l'occasion de ce mariage, les forteresses de Gardiki et de Zeitouni ou Lamia, que le Livre de la Conqueste appelle Giton ou Gipton et qu'il dit avoir été cédée à cette époque au duc d'Athènes; mais cette cession ne fut faite qu'à titre d'hommage, et sans démembrement du domaine supérieur. Ainsi, même après cette mutation, la principauté de Morée restait bornée, vers le nord aux Thermopyles par le despotat de Thessalie, qui s'étendait jusqu'au Pinde, et à l'ouest par la chaîne du Pinde et le despotat d'Étolie.

Cette frontière était absolument conforme à celle fixée dans la seconde ligne de délimitation continentale indiquée par la conférence de Londres. Ces projets de délimitation éclairent la géographie historique de la Grèce.

Le gouvernement grec avait proposé à la conférence de Londres deux projets de délimitation.

D'après le premier projet de frontière, la ligne de délimitation aurait suivi celle que trace le mont Olympe depuis Katerin jusqu'aux sources du Pinde, sur Zygos ou Metzovo, embrassant ainsi toute la riche et belle province grecque de Thessalie. Non loin de Katerin, cette ligne rencontrait le fleuve Haliacmon ou Indjé Karassou, qu'elle suivait à travers Servia et Greveno. Elle rencontrait ensuite le cours de la Voioussa, l'antique Aoüs, et le suivait depuis sa source jusqu'à son embouchure dans l'Adriatique, au-dessus d'Avlona, embrassant ainsi toute l'Étolie, l'Acarnanie et la presque totalité de l'antique Épire; c'est-à-dire qu'ainsi la nouvelle Grèce eût possédé la totalité de l'antique principauté d'Achaïe, et les deux despotats d'Épire et de Thessalie, qui se terminaient, à la fin du quatorzième siècle, à l'Olympe, où commençait seulement le domaine de l'empire de Constantinople.

D'après le deuxième projet de démarcation, la ligne frontière commençait à l'est au cap Zagora, passait par la montagne de Zagora, suivait la chaîne des montagnes qui bordent le golfe de Volo, joignait le mont Othrys, se prolongeait de là vers le nord par la crête des montagnes Goura-Vouni, Varibobi, Hellovo, jusqu'à Smacovo, et allait aboutir au fond du golfe d'Arta, laissant du côté des Grecs tout le territoire d'Agrapha et de Valtos, et comprenant dans le nouvel état grec les deux golfes d'Arta et de Volo.

Les instructions données par la conférence de Londres aux ambassadeurs ne laissaient pas au nouvel état grec une circonscription aussi étendue. On avait d'abord voulu se borner au Péloponnèse; mais peu à peu on avait étendu ces limites, et, suivant les phases des négociations, on s'était arrêté aux quatre lignes de démarcation suivantes, dont la première, qui était la moins restreinte, fut celle qu'on adopta; et la seconde est celle qui marque les limites de l'antique principauté française d'Achaïe.

La première ligne de délimitation continentale indiquée par la conférence de Londres, était tracée depuis le golfe de Volo jusqu'à l'embouchure de l'Aspro-Potamos ou Achéloüs. Cette ligne, après avoir passé sur la crête des hauteurs qui contournent par le nord le golfe de Volo, est celle qui a été adoptée pour le nouvel état grec, dont la frontière légale part de l'entrée du golfe de Volo, gagne la crête de l'Othrys, la suit jusqu'à la sommité qui forme son point de jonction avec le Pinde à l'est d'Agrapha, descend dans la vallée de l'Aspro-Potamos par le sud de Léontitos, traverse la chaîne du Macrynoros en laissant ce canton à la Grèce, et aboutit à la mer par le golfe Ambracique.

La seconde des lignes frontières indiquées par la conférence de Londres, partait du passage des Thermopyles, longeait la chaîne du mont OEta vers l'ouest en passant par sa crête, traversait la haute vallée de Colouri qui sépare l'OEta du mont Oxas, embrassait toutes les montagnes qui forment le groupe du Parnasse, laissait en dehors l'Étolie et l'Acarnanie, et, suivant la chaine du Corax, allait aboutir au golfe de Corinthe près du château de Roumélie. Cette frontière était celle de l'antique principauté française d'Achaïe, à la seule différence qu'au lieu de comprendre Lépante sur son territoire et de s'étendre jusqu'au château de Roumélie, la principauté française d'Achaïe était bornée par le cours du Morno jusqu'à la mer au-dessous de Lépante.

La troisième ligne de démarcation de la conférence comprenait seulement, sur la Grèce continentale, l'Attique et Mégare, en suivant les chaines bien marquées du Parnès et du Cithéron, et ne s'étendait pas à l'ouest au delà des positions fortes qui terminent l'isthme de Corinthe au nord, en laissant toute la côte septentrionale du golfe de Corinthe d'un côté et l'île d'Eubée de l'autre tout à fait en dehors du nouvel état grec, et la menaçant ainsi à chaque instant d'une iné- vitable destruction.

La quatrième ligne de démarcation du projet de la conférence bornait le nouvel état grec à ce qu'il était pendant l'occupation véni- tienne, de 1686 à 1715, c'est-à-dire qu'elle le bornait à la Morée. Cette dernière ligne frontière partait ainsi du défilé des montagnes qui commandait l'approche de l'isthme de Mégare par le nord, partait du fond du golfe de Livadostro, passait par la crête des monts Elatia, Karidi et Coreton, où se terminait autrefois le duché français d'Athènes sous les La Roche, et allait aboutir à la baie d'Eleusis (1).

Les frontières septentrionales et occidentales de la principauté française d'Achaïe étant ainsi déterminées, et reconnues conformes à celles qui ont été récemment proposées dans le second projet de la conférence de Londres, examinons la distribution des seigneuries échelonnées en dedans de ces limites.

Et d'abord, la marche et frontière des Thermopyles étant un poste avancé d'une grande importance, la garde en avait été confiée à un haut feudataire, qui, de sa situation limitrophe ou sur la marche, prit le titre de marquis, selon l'usage français et allemand (2), et bâtit une

---

(1) V. Papers relative to the affairs of Greece, 1826-1832. London, 1836, in-8°, p. 497 et suiv.

(2) Marquis en France, Margrave en Allemagne.

forteresse à Bodonitza. Le lieu était très-bien choisi. La forteresse franque de Bodonitza est bâtie sur un tertre au-dessus d'une vallée bien arrosée entre le golfe Malliaque ou de Lamia et le défilé (1) ou Clisoura (la Clôsure de nos vieux chroniqueurs)qui, le long des flancs du Callidrome, conduit de la Locride dans la vallée intérieure de la Doride. Ce haut fief comprenait toute la Locride et s'étendait, le long du rivage opposé à l'Eubée, jusqu'au delà de l'antique Opus ou Cardinitza et aux limites des seigneuries de Thèbes et d'Athènes. Le marquis de Bodonitza était ainsi préposé à la garde des deux passages par lesquels tous les envahisseurs successifs ont pénétré en Grèce : le passage des Thermopyles et le passage du Callidrome ou Sauromata.

Lorsqu'après avoir franchi le Callidrome on descendait dans l'étroite vallée de la Doride, resserrée entre le Callidrome et la chaîne du Parnasse, on retrouvait plusieurs sous-fiefs qui dépendaient du haut baron de Thèbes. On lit dans le *Livre de la Conqueste* que le maréchal héréditaire d'Achaïe, Nicolas de Saint-Omer le jeune, seigneur de la moitié de Thèbes, possédait l'hommage de plusieurs des seigneurs de cette vallée, et entre autres du seigneur de Gravia, à l'entrée du défilé de Gravia, qui, à travers cette partie de la chaîne du Parnasse, conduit dans les plaines de la Phocide. La seigneurie de Gravia n'est pas seulement désignée dans le *Livre de la Conqueste*, mais dans les lettres d'Innocent III. J'ai retrouvé sur les versants du Sauromata et sur ceux du Parnasse, qui forment cette vallée, les restes de plusieurs châteaux francs de cette époque.

En suivant le défilé de Gravia, on parvenait dans les domaines du haut baron auquel avait été donnée la seigneurie de l'antique Phocide. Sous le titre de comte de la Sole ou Soula, il résidait à Salona, Solona ou Soula, l'antique Amphysse. On voit encore, au-dessus de la ville de Salona, les restes de l'ancienne forteresse des comtes de la Sole. Ce seigneur faisait partie des hauts feudataires de la principauté d'Achaïe, qui, dans toute l'étendue de la principauté, jouissaient des droits réservés en Morée aux douze bers de terre de la presqu'île. Les douze hauts feudataires de toute la principauté étaient, d'après un acte de 1301 (2) :

1. Le duc d'Athènes.

2. Le duc de l'Archipelage (Dodécannése ou Naxie).

---

(1) V. mon *Voyage en Morée et dans la Grèce continentale*.
(2) Guichenon. *Preuves de la maison de Savoie*, p. 127 et 128.

3. Le duc de Leucade (branche des comtes de Céphalonie).

4. Le marquis de la Boudenice (Bodonitza).

5. Le comte de Céphalonie.

6. La comtesse de la Sole (Salona).

7. Le seigneur de l'Arcadie (Arcadia en Morée).

8. 9. 10. La illa (l'île) de Nègrepont.

11. Le sire de la Calandrice (Chalandritza).

12. La baronnie de Patras (1).

La seigneurie de Thèbes n'était point une des hautes seigneuries de la principauté, parce qu'elle n'était qu'un démembrement de la haute seigneurie, depuis duché d'Athènes, fait en faveur d'une sœur du haut baron d'Athènes, à l'occasion de son mariage avec un membre de la famille de Saint-Omer (2).

La haute baronnie, depuis duché d'Athènes, comprenait toute la Béotie, toute l'Attique et toute la Mégaride, et formait la plus puissante des hautes seigneuries situées au delà du défilé ou pas de Mégare, dont l'hommage avait été concédé par les empereurs français aux princes d'Achaïe. La résidence habituelle des ducs d'Athènes était à Thèbes, dont la seigneurie était partagée par moitié entre eux et les Saint-Omer. Outre ces domaines qu'ils tenaient de premier hommage et qu'on appelait domaines de conquête et de famille, les ducs d'Athènes possédaient plusieurs autres seigneuries de concession, telles que: Nauplie et Argos, qui leur furent données par les Ville-Hardoin; Calamata en Morée, cédé à Guy II de la Roche comme dot de sa femme, Mathilde de Hainaut; et au delà des Thermopyles, la ville de Zeitouni ou Lamia, appelée par le Livre de la Conqueste Gipton et Giton, et celle de Gardiki, qui toutes deux avaient été concédées aux ducs d'Athènes à charge d'hommage par les despotes de Thessalie à l'occasion d'une alliance de famille. Sur tout ce territoire étaient répandus un grand nombre de sous-fiefs relevant du duché d'Athènes, tels que le fief de Karditza, l'antique Akrephia, possédé par la famille de cet Antoine le Flamanc qui y fit bâtir une petite église de Saint-Georges encore conservée avec l'inscription qui porte son nom (3). Un grand

---

(1) A ces hommages il faut ajouter ceux des trois évêques de Modon, Coron et Olène, et ceux des deux commandeurs de l'ordre des Allemands (Teutonique) et de l'ordre de Rhodes.

(2) Voy., t. II, généalogie des Saint-Omer de Grèce.

(3) Voy. mon *Voyage en Morée*,

nombre de restes de châteaux francs qu'on retrouve encore à Livadia, sur tous les bords du lac Copaïs, et le long des versants de l'Hélicon, attestent la puissance de ce haut feudataire.

III. GRÈCE INSULAIRE.

Les limites de la principauté d'Achaïe sur le continent grec et la distribution des hauts fiefs de la Grèce continentale et de la Morée étant bien fixées, passons aux possessions insulaires de la principauté, qui sont : 1° l'Eubée et les îles qui l'avoisinent; 2° les îles Ioniennes; 3° les Cyclades.

1° *L'Eubée.*

Dès la première organisation de la principauté d'Achaïe, l'île d'Eubée fut placée par Boniface de Mont-Ferrat, et par l'empereur Henri au congrès de Ravennique en 1210, sous la haute seigneurie des princes d'Achaïe, auxquels ses barons étaient tenus de faire hommage. Cette île était répartie entre trois seigneurs, qui tous trois jouissaient des priviléges de bers de terre ou de seigneurs de conquête, et qui étaient les seigneurs tierciers d'Oréos, de Chalkis et de Caristos.

La seigneurie d'Oréos s'étendait depuis le bogaz ou canal de Trikeri jusqu'au défilé de Makry-Plagi d'Eubée (1).

La seigneurie de Chalkis s'étendait depuis le défilé de Makry-Plagi jusqu'à Aliveri dans toute la largeur de l'Eubée.

La seigneurie de Caristos s'étendait depuis la baie d'Aliveri jusqu'à la pointe la plus méridionale de l'Eubée.

Sur toute l'étendue de ces trois hautes seigneuries franques, on trouve encore les restes imposants des forteresses et châteaux-forts qu'ils avaient fait construire, tantôt pour leur habitation et tantôt pour la défense du pays.

Les seigneuries de Skyros, Skopelos, Skiathos, Chelidonia n'étaient que des démembrements d'une de ces trois seigneuries.

2° *Les îles Ioniennes.*

Les îles Ioniennes, moins Corfou réunie au despotat d'Arta d'abord et cédée comme dot par Michel Comnène à son gendre le roi Mainfroi, avaient d'abord formé une seule haute seigneurie, avec le titre de comté

---

(1) **Voy.** mon *Voyage dans les îles.*

palatin de Céphalonie, qui comprenait alors : Céphalonie, Ithaque, Leucade ou Sainte-Maure, Paxos, Zante et Cerigo. Sur la fin du xive siècle, l'île de Leucade fut démembrée avec le titre de duché de Leucade, et conférée à un membre de la famille des comtes de Céphalonie. Le voisinage de Leucade du continent grec tenta l'ambition de cette famille, qui finit par s'emparer aussi du despotat d'Arta, partagé ensuite avec un descendant des Acciaiuoli, Esaü Buondelmonte.

3° *Cyclades*.

Les Cyclades ou Dodécannèse, réunies en une seule haute seigneurie, étaient échues à la famille vénitienne des Sanudo. Marc Sanudo, le premier conquérant, obtint de l'empereur Henri, au congrès de Ravennique en 1210, le titre de duc, et fut placé sous la haute seigneurie des princes d'Achaïe, auxquels les ducs des Cyclades ou de Naxie furent tenus de prêter hommage. Les douze iles ou groupes d'iles qui composaient ce duché étaient :

1. Naxie, qui donna son nom au duché.
2. Paros ou Anti-Paros.
3. Amorgos, Astypalea, Nicaria.
4. Santorin et Anaphi.
5. Nios, Sikinos, Polycandros.
6. Milos, Anti-Milos et Kimolos.
7. Siphnos et Serphos.
8. Thermia (la Fermène et Formane des chroniqueurs occidentaux).
9. Céa.
10. Syra, Délos et Myconi.
11. Tinos.
12. Andros.

Tant que le duché de Naxie resta entre les mains de la famille Sanudo, il se conserva dans son intégrité ; mais lorsque les Crispo leur eurent succédé dans ce duché, ils firent quelques démembrements en faveur de leur famille, et plusieurs des possesseurs de ces seigneuries démembrées parvinrent à se créer une sorte d'indépendance envers le chef de leur famille. Ainsi les Sommariva furent établis à Paros, les Pisani à Nios, les Coruna à Siphnos, les Zeno à Andros (1) ; mais tous n'en restèrent pas moins placés jusqu'à la fin sous la haute seigneurie des princes d'Achaïe, ainsi que le prouvent les actes et diplômes du temps.

---

(1) Voy. mon Voyage aux îles.

POSSESSIONS DE LA MAISON D'ANJOU-TARENTE.

J'ai indiqué plus haut comment Corfou, cédée aux Vénitiens par l'acte de partage de 1204, n'avait pu être occupée par eux. Michel Comnène, qui s'était créé une souveraineté particulière de l'Étolie, de l'Acarnanie et de l'Épire, réunit cette île à son domaine. Son petit-fils, ayant senti en 1258 la nécessité d'une alliance avec les princes d'Occident pour résister plus efficacement aux empereurs grecs, céda cette île et le territoire d'Épire, comprenant Buthrinte, Subuto, Avlona et Canina, comme dot de sa fille Hélène, lorsqu'il la maria au roi Mainfroi. A la mort de Mainfroi, son amiral Eschinard chercha à conserver à la reine veuve Hélène la propriété de ses terres dotales; mais il fut obligé de céder à l'ascendant vainqueur de Charles Ier, et Corfou, avec le reste des terres dotales d'Hélène en Épire, fut annexé pour la première fois à la couronne de Naples vers 1270 (1). Charles II continua à les posséder comme l'avait fait son père; mais Nicéphore Comnène, fils de Michel, qui voulait, à l'exemple de son père, se fortifier contre les empereurs grecs par une alliance avec les princes d'Occident, ayant offert à Charles II la main de sa fille Thamar pour son fils Philippe, prince de Tarente, et lui donnant en dot quelques villes et forteresses en Acarnanie, telles que Saint-Donat, Lépante, Argyro-Castron et autres, Charles II crut le moment venu de fonder en Grèce une souveraineté puissante pour sa famille. Il céda donc, sous réserve d'hommage seulement, à son fils Philippe de Tarente, les terres dotales d'Hélène pour les réunir aux terres dotales de Thamar. Ainsi Philippe de Tarente se créa un despotat nouveau, composé:

1° De Corfou et des territoires voisins d'Épire, comprenant Buthrinte, Subuto, Avlona et Canina;

2° Du territoire d'Acarnanie, avec les villes de Saint-Donat, Argyro-Castron, Vrachori, Vonitza, Vagenetia et Lépante.

Il fixa son séjour à Lépante, prit le titre de despote et fit battre monnaie dans cette ville sous son nouveau titre (2).

Sa femme Thamar étant morte, Philippe de Tarente n'en devint que plus ardent dans son ambition. Il s'était fait réserver des droits éventuels au despotat d'Épire et voulait même déposséder son beau-

---

(1) Voy. mes *Nouvelles Recherches* .
(2) Voy. mes *Nouvelles Recherches.*

frère Thomas. Ne pouvant y parvenir, il chercha ailleurs ses moyens de succès. Son père Charles II lui avait cédé, en même temps que la seigneurie réelle de Corfou, la seigneurie supérieure de la principauté d'Achaïe, dévolue aux rois de Naples depuis le traité de 1267. Philippe aspira à transformer la seigneurie d'honneur en seigneurie réelle. En 1310, il épousa Catherine de Valois, impératrice de Constantinople, et réunit ainsi sur sa tête les titres d'empereur de Constantinople, de prince direct d'Achaïe, de prince réel de Tarente et de despote en Acarnanie, en Épire et à Corfou; mais il ne put jamais faire un corps compacte de ces diverses seigneuries, ni transformer en possession réelle sa possession titulaire de l'empire de Constantinople. J'ai dû toutefois mentionner cet état franc transitoire, parce qu'après la possession de Lépante il devint limitrophe de la principauté d'Achaïe.

ANNEXES.

ANNEXE A.

Le manuscrit commence, par une douzaine de pièces de vers grecs, à l'éloge d'Ananias et de Mélétius de Dimitzana entre autres, et donne ensuite les vies des archevêques qui ont possédé le siége de Lakédémonia depuis la remise de Misitra entre les mains des Grecs par Guillaume de Ville-Hardoin en 1263. Ces archevêques sont : 1° Nicéphore, 2° Mathieu, 3° Luc, 4° Nilus, 5° Théodorat, 6° Gennadius, 7° Cyprien, 8° Joseph, 9° Gabriel, 10° Parthenius, 11° Ananias.

ΚΩΔΙΞ ΙΕΡΟΣ ΤΗΣ ΑΓΙΩΤΑΤΗΣ ΜΗΤΡΟΠΟΛΕΩΣ ΛΑΚΕΔΕΜΟΝΙΑΣ ΕΝ ΜΗΤΡΟΠΟΛΕΙ ΑΨΝΕ (1755) ΚΑΤΑ ΜΗΝΑ ΜΑΡΤΙΟΝ.

1. Νικηφόρος.

Νικηφόρος, οὗ ἡ μνήμη αἰωνία. Ἀπὸ τῆς μετοικεσίας τῆς παλαιᾶς πόλεως Σπάρτης, εἰς τὸν παρόντα τόπον ὅπου εἶναι ἡ χώρα προονομασθεῖσα Μεζυθρᾶς· ὁ νῦν καλούμενος Μιστρᾶς· τόσον ἠμποροῦμεν νὰ καταλάβωμεν (ἐπειδὴ καὶ μήτε ἀπό τινος βιβλίου εὑρίσκομεν, μήτε ἐκ παραδόσεως, τόσον ἐνδεὴς ὁ τόπος ἐστάθη ἀπὸ συγγραφεῖς ἀνάμεσα εἰς τόσους χρόνους) μὲ τὸ νὰ ἔγιναν διάφοραις μεταλλαγαῖς τῶν ἐξουσιῶν, καὶ ἀπὸ τὴν αὐθεντείαν τῶν καισσάρων Ῥώμης τῆς παλαιᾶς, εἰς ἅπασαν τὴν Ἑλλάδα, γινόμενος ὁ χριστιανισμὸς εἰς ὅλας τὰς πόλεις, ἡ Σπάρτη φαίνεται νὰ ἐκατοικεῖτο καὶ ὕστερον εἰς πολλοὺς χρόνους χριστιανίζουσα ὡσὰν τὴν Τεγέαν, Μαντινέαν, τὴν Μογλήν. Αἱ δὲ ἄλλαις παλαιαῖς ἔγιναν ἐρείπια, ὡσὰν τὴν Ἀρκάδιαν, ἤτε Μεγαλόπολιν, τὴν Μεσσένιαν, καὶ τὰς τοιαύτας. Καὶ τοῦτο λέγομεν ἐξ εἰκασίας. Εὑρίσκοντες εἰς τὴν Σπάρτην καὶ νῦν μέρος αὐτῆς λεγόμενον Μαγοῦλα. Παλαιοὺς ναοὺς καὶ σταυροὺς καὶ γράμματα. Εἰς ποῖον δὲ ἔτος, ἢ εἰς τίνος βασιλείαν ἀνεβιβάσθη ἀπορεῖται. Διότι φαίνονται τὰ τείχη αὐτῆς ἤγουν τοῦ Μιστρᾶ πολυέξοδα καὶ βασιλικά. Ἀγκαλὰ καὶ νὰ εὑρίσκεται πῶς ὁ Μιζυθρᾶς νὰ εἶναι κτήρια τοῦ πρίγκιπος ὡς καὶ ἄλλα μέσα εἰς τὴν Πελοπόννησον, ἀλλὰ διὰ τοῦτο ἀπορεῖται μὲ τὸ νὰ εἶναι διπλᾶ τὰ τείχη τὸ μὲν νεώτερον, τὸ δὲ παλαιότερον. Ὅσον δὲ τὸ κατ' ἐμὲ δοκεῖ μοι νὰ εἶναι τῆς Κωνσταντινουπόλεως ὀρθοδό-

ξων βασιλέων. Διότι εὗρον ἐν ἀκμῇ
τῆς βασιλείας αὐτῶν, νὰ ἔκαμαν κάστρη πολλὰ ὁμοίως καὶ εἰς τὴν Πελοπόννησον. Καὶ τοῦτο νὰ εἶναι ἐν ἐξ
αὐτῶν. Διότι τὰ νῦν φαινόμενα κάστρη
τοῦ Μωρέως καὶ κατοικούμενα ἔχουν
σημεῖον ἤτοι μάρκαν τῶν εὐρωπαίων.
Ἀγκαλὰ καὶ αὐτὰ τῶν ἡμετέρων βασιλέων, πλὴν ἀνεκαινίσθησαν ἐξ ἐκείνων. Τοιουτοτρόπως ἀμελήθη καὶ τὸ
παρόν, καὶ τὸ ἐν τῇ κορυφῇ φρούριον
ἔγινε εἰς ὄνομα τῶν ἀπὸ **Φραγγίας**.

Καὶ ἐπειδὴ ἡ Σπάρτη πολὺ τοῖς ἐσέ-
πειτα ὀρθοδοξοῦσα (τὸ δὲ τεῖχος αὐτῆς
ἦν μὲν τῶν Ἑλλήνων ὁποῦ εἰς τὸν
καιρὸν τῶν καισσάρων πλατυνομένη ἡ
ἐξουσία τῶν Ῥωμάνων, καὶ ἡ ἐλεεινὴ
κατάστασις τῶν Σπαρτιάτων καὶ ἡ
ἔλλειψις τῶν ἀνδρῶν τοὺς ἤφερεν εἰς δει-
λίαν καὶ διὰ καταφύγιον ἔκαμαν αὐτὸ τὸ
φαινόμενον. Εἰσερχομένων δὲ τῶν καισσάρων οἱ μὲν δυνάμενοι καὶ πλουτοῦν-
τες ἔφυγον. Οἱ δὲ πενητεύοντες ἔστερ-
ξαν τὴν δουλείαν. Πάλιν δὲ ὑπὸ τῶν
ἰδίων πολιτῶν ἀνεκαινίσθη, καὶ ηὐ-
ξύνθη τὸ τεῖχος πολλὰ ὕστερον γινο-
μένης πολυαρχίας) ἀνάγκη ἦτον νὰ
ἤκμαζε καὶ ἡ ὀρθοδοξία καὶ ἐκαλλωπί-
ζοντο καὶ οἱ ἱεροὶ ναοί, καὶ ἡ μητρό-
πολις ἐκεῖ νὰ ἐστηρίζετο. Καθ' ὅσον
ἠμποροῦμεν νὰ καταλάβωμεν καὶ ἀπὸ
τὸν ἅγιον Ἴκωνα ὅστις εὑρίσκοντας
θεαρέσκειαν ἔμεινεν εἰς αὐτὴν ἕως τέ-
λους. Ὀνόματα δὲ μητροπολιτῶν ἢ
ἐκκλησιῶν ἢ ἄλλη τις τάξις οὐχ ἔστη-
κεν. Ὅλα παρῆλθον ὡσὰν φθαρτὰ καὶ
ῥέοντα, γενεᾶς παρερχομένης καὶ γενεᾶς ἐρχομένης. Πλὴν τινας θείου ἔρ-
γου καὶ ἀρετῆς ἀϊδίου ὄντας.

Εἰς δὲ τὴν παροῦσαν πόλιν ἐν ᾗ οἰ-
κοῦμεν εὑρίσκομεν ναοὺς τοὺς παλαιω-
τέρους τὸν τῆς καθ' ἡμᾶς μητροπόλεως,
τὸν Τουβρονδοχίου τῆς Παντανάσσης,
τῆς Περιβλέπτου, καὶ τὸν ἐν Παρορίῳ,
καὶ τούτους ἀπ' ἀλλήλων κατὰ τὸ ἔτος
μηδὲν διαφέροντας.

Τὸν δὲ τῆς ἁγιωτάτης ἡμῶν μητροπόλεως τὸν εἰς ὄνομα τιμώμενον τοῦ
ἁγίου καὶ ἐνδόξου μεγαλομάρτυρος Δη-
μητρίου ᾠκοδόμησε καὶ ἐκ βάθρων

ἀνήγειρεν ὁ ἀείμνηστος Νικηφόρος μη-
τροπολίτης σταθεὶς Λακεδαιμονίας.
Καὶ τὸ ὄνομα αὐτοῦ πρῶτον πάντων
εὑρίσκομεν καὶ ὡς ἀοίδημον κτήτορα
μνημονεύομεν.

Καὶ ταῦτα ἔχομεν βέβαια ἀπὸ σα-
φεστάτην ἀπόδειξιν τῶν εὑρεθέντων
γραμμάτων πρὸ τῆς πύλης τοῦ ναοῦ
καὶ ἔξω ἑτέρων ἐπὶ πλακὸς λιθίνης
κατὰ τὴν δυτικὴν γωνίαν, καὶ ἔνδον
τοῦ ναοῦ εἰς κιόνα, καὶ ὡς ἠγωνίσατο
μετὰ ἀδελφοῦ αὐτοῦ Ἀαρὼν, ἐπὶ τῆς
βασιλείας τῶν ἐν Κωνσταντινουπόλει
ὀρθοδόξων, ἐν ἔτει ἀπὸ στάσεως γῆς
ͱωκ.[1]

Δίστιχον ἡρωϊκόν.

Τὸν δὲ δόμον πόδεσι φίλος ἐμβεβαὼς ἀγανοῖσι
Μνώεο Νικηφόροιο δομήτορος ἀρχιερῆος.

Ἰαμβικοὶ ἕτεροι.

Τὸν θεῖον οἶκον τόνδε καινουργεῖ πόθῳ
Κρήτης πρόεδρος, εὐτελὴς Νικηφόρος,
Ἔχων ἀδελφὸν Ἀαρὼν συνεργάτην.
Σκηπτοκρατοῦντος Αὐσόνων Ἀνδρονίκου
Παλαιολόγου σὺν Μιχαὴλ υἱεῖ.
Οἱ παριόντες τοιγαροῦν τούτοις λύσιν
Εὔχεσθε πολλῶν πταισμάτων πολυπλόκων
Σύν τε προβάτοις δεξιοῖς στῆναι τότε,
Ὅτε κρινεῖ σύμπασαν κριτὴς τὴν κτίσιν.

Τὰ δὲ εἰς τὴν κολόναν, μετὰ τὴν
ᾠκοδομὴν τοῦ ναοῦ διαλαμβάνουν καὶ
ἄλλα κτήματα ὁποῦ ἐπρόσθεσε τῇ μητροπόλει δι' ἰδίων πόνων, δηλαδὴ μύ-
λους εἰς τὴν Μαγοῦλαν. Ἐλαιῶνας
ἐφεύτευσεν, καὶ περιβόλιον εἰς αὐτὴν,
καὶ ἀμπελῶνας εἰς τὴν Λεύκην, καὶ
ὁσπίτια ἠγόρασε, καθὼς ἀναγινώσκον-
ται. Ἀμὴ αὐτὰ τὰ κτήματα ὡσὰν καὶ
ἄλλα ἂν ἦτον τότε ἢ καὶ πρότερον ἢ
θησαυρίσματα σκευῶν καὶ ἀμφίων τοῦ
ναοῦ, μετέβησαν ἀπὸ τὸν ἕνα εἰς ἄλλον
καὶ ἐξέλειπον, πλὴν τοῦ ναοῦ μόνου
ἐγυμνωμένου καὶ μάλιστα ἀπὸ τὴν
δυσχέρειαν τῶν χρόνων καὶ τὴν ἐπί-
θεσιν τῶν βαρβάρων ἢ τῆς κακῆς καὶ
ἠμελημένης φυλακῆς καὶ κηδεμονίας
τῶν κατὰ καιρὸν τότε προϊσταμένων.

Διότι ἀνάμεσα εἰς τοὺς τόσους χρόνους, ἠκολούθησαν καὶ πολλαὶ ἀνω-
μαλίαι ὡς καὶ ἐμφύλιοι πόλεμοι καὶ
μάχαι, καὶ ἀπὸ τῶν εὐσεβῶν βασιλέων

---

[1] 6820 du monde et 1312 de J.-C.

τὴν δεσποτείαν οἱ τόποι, καὶ οἱ θρό-
νοι, καὶ τὰ σκῆπτρα διέβησαν εἰς Λα-
τίνους καὶ εἰς διαφόρους Ἰταλοὺς καὶ
Εὐρωπαίους ὡς καὶ γυναιξὶν ἐξ αὐτῶν.
Καὶ πάλιν ἐξ ἐκείνων τοῖς νῦν ἡμᾶς
κρατοῦσιν ἑτεροδόξοις.

Ὅθεν ἀνάγκη εἶναι τὸ ἄστατον νὰ
εὕρῃ τὴν στάσιν του, καὶ τὸ ἀτελὲς
τὴν τελειότητα, καὶ ὁ ἄνθρωπος τὸ
δέον.

———

2. Ματθαῖος.

Δὲν φαίνεται ἄλλος τις τῶν ἀρχιερέων πρότερος τοῦ Νικηφόρου ὅθεν
ἀγνοοῦμεν πότε νὰ ἐμετοικίσθη ἡ πό-
λις αὕτη. Καὶ εἰς ποῖον καιρὸν καὶ
χρόνον νὰ ἔλαβε τὴν ἔναρξιν ἐνταῦθα
ὁ θρόνος τῆς μητροπόλεως διότι τὰ
ὀνόματα μόνα εὕρομεν τῶν ἀρχιερα-
τευσάντων, μηδὲ τὰ πόσα ἔτη ἑκάστου,
μηδὲ πατρίδα, μηδὲ ἄλλοτι διαλαμ-
βάνοντα. Καὶ καλῶς ἐποίουν διότι
ἐπέβλεπον πατρίδα τὴν ἄνω, καὶ μὲ
τὰ καλὰ ἔργα νὰ φθάσουν τοὺς δικαίους
τῆς οὐρανίου πόλεως καὶ ἐκεῖ νὰ κάμουν θρόνον καὶ νὰ στήσουν τὸ ὄνομά
τους αἰώνιον· καθὼς εὑρίσκομεν καὶ
τὸ ὄνομα πρὸ τοῦ ἄμβωνος, Ματθαίου
Λακεδαιμονίας, καὶ μηδὲν ἄλλο λέγων.

. . . .

———

3. Λουκᾶς.

Οὗτος φαίνεται, κατὰ τὰ σημειω-
θέντα παρ' αὐτοῦ εἰς τὴν κολόναν
γράμματα, νὰ ἦλθεν εἰς Λακεδαιμο-
νίαν διὰ ὁρισμοῦ βασιλικοῦ προεδρι-
κῶς. . . . .
Ἔστη δὲ ἐν ἔτει ͵ϛωλη [1].

———

4. Νεῖλος.

Οὗτος φαίνεται σύναθλος καὶ συμ-
πράκτωρ κατὰ τὸν Λουκᾶν ἴδιος. Συμ-

περαίνομεν καὶ ἐκείνων φαινομένων
γραμμάτων τοῦ ἄλλου κίονος νὰ ἠγωνίσατο καὶ νὰ ἀνάκτησε τὰ κτήματα
ὁμοίως. . . . .

Ἔκτοτε τοσούτων ὄντων χρόνων
ἄλλος ἡμῖν οὐχ ὑπολέλειπτο ἐν οὐδενὶ
σημείῳ· αλλὰ μηδὲ μέρος ἐκ τῶν
ὀνομασθέντων ἐκείνων κτημάτων, διὰ
τῆς πολυκαιρίας, καὶ μεγάλης ἀργίας
καὶ σιωπῆς τῶν ὕστερον ἀκολουθησάν-
των. . . . .

Εὕρωμεν ἔν τινι βιβλίῳ χειρόγρα-
φον παλαιὸν περί που τῶν διακοσίων
χρόνων εἰς Δημητζάναν κείμενον ἐσα-
θρωμένον διαλαμβάνον ὑποθέσεις νο-
μικὰς ἱστορικὰς καὶ διαφορὰς τῆς αὐτῆς
καὶ ὄνομα ἐν αὐτῷ τοιούτως, Νεῖλος
Λακεδαιμονίας. Καὶ ἴσως νὰ εἶναι ὁ
αὐτὸς καὶ ἐξ αὐτῆς. Διότι πρῶτος οὗτος
εἰς τὰ ἐκεῖσε μεριδά-χαρτα μνημο-
νεύεται κατὰ τὴν συνήθειαν τοῦ τόπου.
Ἀλλὰ καὶ οἱ παλαιότεροι ἔτζη τὸν ἐν-
θυμοῦνται χωρίς τινος ἄλλης παραδόσεως. Αὐτοὶ δὲ οἱ ῥηθέντες ἀείμνη-
στοι ἀρχιερεῖς καὶ μητροπολίται Λακεδαιμονίας φαίνονται οἱ πρώτιστοι
καὶ ὁποῦ ἤκμασαν εἰς τὸν καιρὸν τῆς
βασιλείας τῶν ὀρθοδόξων αὐτοκρατό-
ρων Κωνσταντινουπόλεως. Μετὰ τούτους ἄλλους δὲν εὑρίσκομεν ἀνάμεσα
εἰς τοὺς τριακοσίους χρόνους· εἰ μὴ
τοὺς ἔμπροσθεν κατὰ τοὺς νεωτέρους
καιροὺς ἐν Ὀθωμανοῖς καὶ Ἐνέτοις ἡγε-
μονεύσασι. Νεῖλον δὲ τὸν ἐν μακαρίοις
ἀοίδημον, ὡς κατὰ Θεὸν ζήσαντα καὶ
ὑπὲρ τῆς ἐμπιστευθείσης αὐτῷ ἐκκλησίας ἀξίως ὑπερμαχήσαντα μνημονεύομεν μετὰ τὸν κτητόριον αἰωνίως.
Καὶ ἃ ὑπέδειξεν διὰ τῶν γραμμάτων
ὑποσημάνας ἐν ἔτει κοσμογονίας
͵ϛωμζ [1].

Προσέθετο δὲ εἰς ἀνάμνησιν ἐνδεί-
ξαι τοῖς εἰσέπειτα κίονι τῷ αὐτῷ καὶ
περὶ τῆς σεβασμίας μονῆς τοῦ ἐν Τρύ-
πῃ προφήτου Προδρόμου οὕτω λέγων·

Ἐπεὶ τὸ μονήδριον τοῦ τιμίου προφήτου προδρόμου καὶ Βαπτιστοῦ Ἰωάννου, τῆς Χαλκοματικῆς, πλησίον τοῦ

———

[1] 6838 du monde ou 1330 de J.-C.

[1] 6847 du monde et 1339 de J.-C.

παρὰ ποταμῷ Γρύπης, Λακεδαιμονίας
ᾗ ἀνέκαθεν τῇ καθ' ἡμᾶς ἁγιωτάτῃ
μητροπόλει, ἐν ὑποτελεσμῷ ἀενάῳ ὡς
τὸ βραβεῖον διέξεισιν· αὖθις τάττεται
εἶναι ὑπ' αὐτήν· καὶ τὰ ἐν αὐτῷ χω-
ράφια, καὶ τὸ περιβόλιον, καὶ τὸ ἀμ-
πέλιον, καὶ ἄλλο ἄν εἴ τι δίκαιον ἔχει
ἐν αὐτῷ πνευματικάτον τῆς ἁγιωτάτης
μητροπόλεως Λακεδαιμονίας, ὡς ἂν
δαξάζηται Θεὸς ἐν αὐτῷ. Ὁ δὲ πειρα-
θησόμενος εἰσέπειτα ἀφελέσθαι τοῦτο
ἐκ τῆς δεσποτείας αὐτοῦ, καὶ οἷος ἄρα
καὶ εἴη ἐχέτω καὶ ἀρὰς τῶν ἑπτὰ καὶ
οἰκουμενιχῶν συνόδων, καὶ τῶν τιη [1]
Θεοφόρων πατέρων· καὶ τὸν ἀφορισμὸν
ἐμοῦ τοῦ ἁμαρτωλοῦ.

Ἔτει πίστεως τῆς ϛωμη [2].

---

5. Θεοδώρητος.

Κατέπαυσεν ἕως ὧδε τῶν πάλαι
ἀρχιερατικῶν ὀνομάτων μνήμη, καὶ
μεμνήμεθα τῶν μετέπειτα ἀναφανέν-
των κατὰ τὴν πρώτην προσβολὴν τῆς

Ὀτμανικῆς αὐθεντείας εἰς τὴν Πελοπόννησον ἔφθασεν ἐν τοῖς ὑστέροις
χρόνοις ἐκείνοις καὶ ὁ Θεοδώρητος Λακεδαιμονίας ὁ ἀπὸ Δημητζάνης ὁ καλούμενος Κριτής. . . . .

Puis viennent :

6. Γεννάδιος. 7. Κυπριανός. 8. Ἰω-
σήφ. 9. Γαβριήλ. 10. Παρθένιος.

---

11. Ἀνανίας.

Ἡ δὲ ἡμετέρα ταπεινότης προήχθη
τῷ τῆς ἁγιωτάτης μητροπόλεως Λακεδαιμονίας θρόνῳ ἐν ἔτει τῷ Σωτη-
ρίῳ Αψν [3], μὴν φεβρουάριος. . . . .

Tout le reste du volume contient des donations faites à l'église
métropolitaine de Lakédémonia.

---

[1] 318.
[2] 6848 du monde ou 1340 de J.-C.

[3] 1750.

ANNEXE B.

CHRYSOBULLE DE LA MÉTROPOLE DE MONEMBASIE.

Κἂν εἰ μήπω πρότερον ἔφθη πλεῖστα
δὴ παραπλήσια γενέσθαι βασιλεῦσί τε
καὶ ἄλλοις, καὶ οὐχ ἧττον ἡμῖν καὶ
νομισθῆναι τοῦ λοιποῦ γίγνεσθαι, ἴσως
ἂν ἴσως ἡ νῦν αὕτη παροῦσα καὶ προ-
τεθειμένη τῇ βασιλείᾳ μου πρᾶξις
ἐφεῦρε τὸν τοιούτου καλοῦ τύπον, ἀμέλει καὶ ἐφ' ἑαυτῆς κεκίνηκεν ἂν ἢ
μᾶλλον ἐρεῖν δι' ἑαυτῆς ἐκαίνισε πάν-
τως, ἀρχὴν οὕτω λαβόντα καλλίστην
πρὸς τὸν ἑξῆς ἔπειτα χρόνον ἐναργῶς
δείκνυσθαι· οὕτω πολὺ πάντοθεν ἔχει
τὸ πεῖθον αὕτη, καὶ καταναγκάζειν
εὔλογον. Τὸ γὰρ δὴ κατὰ τὴν Πελοπόννησον περιώνυμον ἄστυ Μονεμβασίας, ἔστι μὲν ὡς ἀληθῶς τῶν κατ'
αὐτὴν δὴ ταύτην μακρῷ προέχον καὶ
τὰ πρῶτα δὴ σαφῶς ἁπάντων φερό-
μενον, ὡς μηδένα μηδενὶ τῶν ταύτη
γε ἄλλων λείπεσθαι ξυγχωροῦν. Νέον
μὲν ἐπιεικῶς ὄνομα καὶ κλέος, καὶ οὐ
πόῤῥωθεν τῶν ὄπισθεν χρόνων ἦχον,
μυρίας δεόμενον καὶ παμμήκους τῆς
εὐφημίας, καὶ πανταχοῦ πομπεῦον ὡς
εἴη καὶ ἄλλο τῶν ἐπιφανῶν καὶ περι-
δόξων ἀκούειν, οὐκ ἐπὶ μόνης τῆς βασιλικῆς ἡγεμονίας ἡμετέρας, ἀλλὰ καὶ
σχεδὸν τῆς ἀλλοτρίας ἁπάσης. Καὶ
γὰρ δὴ τά τε ἄλλα κοσμεῖ τὸ ἄστυ, καὶ
θέσεως εὐκαιρία, καὶ πρὸς ἀσφάλειαν
ἐρυμνότης, καὶ πλῆθος μάλιστα οἰ-
κητόρων, καὶ πολιολβία, καὶ πολιτείας
εὐγένεια, καὶ τεχνῶν ἀσκήσεις, καὶ
ἀγορᾶς δαψίλεια πάντων πᾶσα, εὐεμ-
πορώτατόν τε εἰ δή τι καὶ ἄλλο μάλιστα πρὸς ἅπαντα πλοῦν, καὶ θαλάσσης ἅπαντα μέρη θέαν εὖ ἔχον. Καὶ
τοίνυν πολὺ τὸ τῶν οἰκούντων ἐνταῦθα
ἱκανόπλοον, καὶ θαλαττουργόν, ῥωμα-

λαιότης τε καὶ φρόνημα δραστικόν τε
καὶ ἔμπρακτον, καὶ τὸ κάλλιστον τῶν
ἄλλων μάλιστα, ἡ πρὸς τὴν βασιλείαν
μου ἐνεργός τε καὶ ἄτρεπτος παντάπασιν εὔνοια, καὶ ἡ πρὸς τὸ γένος ἀνα-
φορά τε καὶ κοινωνία πάντων ἀνάλω-
τος, καιρῶν τε καὶ πραγμάτων εὖ τε
καὶ ἄλλως ἐχόντων, ἐν πολλοῖς ἤδη
τῶν προλαβόντων χρόνων τὴν πεῖραν
δοῦσα, καὶ τὸ πιστὸν καθάπαξ ἀσφα-
λὲς ἐγγυουμένη. Καὶ τὰ μὲν τοῦ ἄστεος
ὡς ἐν ὀλίγοις οὕτω, φεύγοντα τῷ λόγῳ
τὸ μῆκος, ξυλλαγχάνοντα τοῦτο νῦν
εἶναι θαυμάσιον· οἷον, ὅτι τῆς κατ'
αὐτὸ..... ἁγιωτάτης ἐκκλησίας ποι-
μὴν ἀρτίως..... ἄριστος, πολὺς τοῖς
κατὰ Θεὸν ἐκ νέου πάνυ τοι καὶ εἰς
γῆρας ἤδη..... τοῦτο νῦν ἤδη καμά-
τοις ἐγκαρτερήσας, καὶ κατακεκοσμη-
μένος εἰς ἄκρον..... αὐτῆς βιοτῆς,
ἀτρέπτως ἐς τοσοῦτον τῆς ἐξ ἀρχῆς
ἐνστάσεως καὶ παντάπασιν ἀνενδότως,
ὥς περ εἴ τις νηὸς ἱερᾶς ἅπτοιτο, καὶ
... παραδόξου........ καὶ μὴν
πλεῖστον ὅσον ὑπὸ τῆς οὕτω χρονίου
καὶ πολυετοῦς καὶ βιαίου σφόδρα....
βιαίας καὶ σωματικῆς δαπανήσεως καὶ
πρὸς ἅπαντα πόνον καὶ μόχθον σφόδρα
ἐκτετηγμένος ἐν τῷ γήρᾳ μᾶλλον τοῖς
.... τοιούτοις πόνοις ἔτι θαυμαστῶς
ἐμμένει καὶ διακαρτερεῖ τὴν ἐξ ἀρχῆς
ἀκλινῆ γνώμην. Ὡς περ νῦν μᾶλλον
ἐπειγόμενος καὶ σπουδάζων δῆλος
ἐστίν. Ἀλλ' οὐχ ὡς ἂν ἤδη τοσοῦτο
προλαβὼν καταστ..... ἀσφαλῶς ἐν
λιμένι καὶ..... ἀμέλει καὶ τῆς περὶ
ἀγαθὸν τοσαύτης ἕξεως καὶ σφόδρα ἐπ'
ἀμφοῖν τοῦτε πανσέμνου τοῦδε γήρως
ὡς εἴρηται, καὶ τῶν τοσούτων καμά-

των καὶ ἀσκητικῶν ἱδρώτων τὸ σῶμα κατακαμπτόμενος, οὐκ ἔπειθ' ὅμως κάμπεται τὴν καλλίστην ταύτην γνώμην. Οὐδὲ χαλᾷ κατὰ βραχὺ καὶ τῶν τόνων οὐκ ἐνδιδ...... οὐδὲ νικᾶται τὸ φρόνημα. Ἀλλὰ τὸ μὲν σῶμα ἥττηται ἤδη καὶ νῶτα δίδωσί τε καὶ τρέπεται, ἐπὶ τοσούτων τῶν προλαβόντων καὶ πόνων καὶ χρόνων, ὁ λογισμὸς δὲ ἀήττητος, κόρον οὐκ ἔχειν οὐδέπω τῶν καλῶν ἀξιοῖ, οἷα δὴ ἐπὶ πάντων γίγνεται. Καὶ μόνον τὸν ἐπὶ τούτοις ἔρον ἀδαπάνητον καὶ παντάπασιν ἀκάματόν τε καὶ ἀνεπίστροφον οἴεται δεῖν εἶναι. Ταῦτ' ἄρα καὶ τοσαύτην καὶ ἐπὶ τοσούτοις ἤδη τοῖς ἔτεσι συλλεξάμενος τὴν πνευματικὴν ὡς ἔφην κατάστασιν καὶ προειληφὼς οὕτω πάνυ τοι πόρρω καὶ καταπεράνας εὖ μάλα τελεσιουργὸν τοῦ βίου τὴν πρόθεσιν ἀσφαλῶς τε καὶ γενικῶς ὡς καὶ τοῦ βίου τοῦδε καὶ τῆς ὑψηλῆς ταυτησὶ παιδείας παράδειγμα καὶ τύπος ἔμψυχος περιπολεῖν ὡς ἀληθῶς δὲ καὶ εἶναι καὶ τοῖς πολλοῖς ὑπειλῆφθαι οὐκ ἀγαπᾷ τοῦ λοιποῦ. Ὁ δὲ διαπαντὸς ἐν τοῖς αὐτοῖς ἔχει, καὶ ὥς περ οἱ πλείους καὶ βελτίους μὲν οὖν τῶν εἰσαγωγῇ χρωμένων, νῦν εἶναι δὴ καὶ χθὲς καὶ πρὸ τρίτης καὶ αὐτὸς ἀεὶ παρασκευάζεται. Καὶ ἔοικεν ὥς περ ἀγωνιζομένῳ, καὶ δεδιότι, καὶ προσδραμεῖν σπουδάζοντι καταγυμναζόμενος τὸν ἅπαντα χρόνον. Καὶ κατατρύχων ἀπέραντα, κάμνων τὸ σῶμα πόνοις ἀνενδότοις ἀσιτίαις τε καὶ ἀγρυπνίαις, καὶ στάσεσι συντόνοις, καὶ τίνι τῶν εἰθισμένων καὶ καλλίστων ἀγώνων, οὗ, καὶ νομίμων; μᾶλλον δὲ, καὶ πλέον ἢ τέως νομίζεται τοῖς καλῶς ἠργμένοις καὶ περὶ τὸν πνευματικὸν δρόμον ἀκμάζουσιν, αὐτὸς ἔτι πω καὶ νῦν ἐπὶ τοσούτων τῶν ἐτῶν κατατεινόμενος · καὶ μὴν καὶ τ' ἄλλα κατὰ τὸ ἦθος ἅπαντα τοῦ θαυμασίου τοῦδε ποιμένος ἀναλογεῖ τε καὶ συμβαίνει, πρὸς ταῦτα τε καὶ πρὸς ἄλληλα · οἷον ἡ τῆς ἀγάπης πρὸς ἅπαντας ἐλευθεριότης · τὸ ἀόργητον θαυμάσιον οἷον · τὸ φίλοικτον · ἡ τῆς ψυχῆς γαλήνη · τὸ

μήτε λογισμοῖς μήτε λόγοις μήτ' οἴεσθαι μήτε λέγειν περὶ ὁτιοῦν φλαῦρον οὐδέν · ἀλλὰ περὶ πάντων καὶ βούλεσθαι καὶ δοκεῖν καὶ λέγειν πάντ' ἀγαθὰ ἐκ τῶν οἴκοι θησαυρῶν ἀληθῶς τὸ πιστὸν ἔχοντα · καὶ τ' ἄλλα μὲν καθόλου συνελὼν ἅπαντα, ὧν μεγίστης ὄντως ἐκκλησίας καὶ πολυθρέμμονος ἀρχιερεῖ καὶ ποιμένι δεῖ · καὶ ἔστιν ἐργωδέστατον ὁμοῦ καὶ σφόδρα σπάνιον ἑνὶ ξυλλαγεῖν ὡς περ ἐπ' αὐτῷ δὴ προδήλως, περὶ οὗ νῦν ὁ λόγος ἐστὶ, καὶ μηκύνειν ὡς ἔοικεν οὐ δεῖ περαιτέρω, πλὴν ὅπερ ἄνωθεν ὁ λόγος ξυνεωραμένος ἀπεφήνατο. Τοσαῦτα δὴ τά τε τοῦ ἀνδρὸς κατὰ Θεὸν εὐδοκιμήματα καὶ τὸ τῆς πολιτείας καὶ τοῦ βίου περιφανὲς καὶ ὑπερηρμένον, καὶ σχεδὸν ἀπαράμιλλον. Καὶ τοῦγε τῆς ὑπ' αὐτὸν ἐκκλησίας ἄστεος αὖθις τὰ προσόντα παντοῖα καλὰ ὥστε κἂν μόνα δῆτ' ἴσως κινῆσαι ταῦτα τὴν βασιλείαν μου πρὸς τὸ μεταποιῆσαι καὶ προβιβάσαι τὴν τοιαύτην ὑπ' αὐτὸν ἁγιωτάτην ἐκκλησίαν εἰς κρείττω τινὰ καὶ ὑψηλοτέραν κατάστασιν καὶ ἀξίαν, καὶ βαθμὸν ὑπερκείμενον, κἂν μήπω πρότερον ὡς εἴρηται τοιαῦτα παραπλήσια καὶ γεγένητο καὶ νενόμιστο γίγνεσθαι. Καὶ ταῦτ' ἴσως ᾗ περ ἔφην ἱκανῶς ἂν εἶχεν ἀφορμήν τε δοῦναι, καὶ ὑποφῆναι τὸν ἐν τούτοις τύπον καὶ νόμον. Ὁ δῆτα καὶ παραπλήσι' ἄττα ἴσως ἕτερα πρότερον ὡς ἔοικε καὶ εἴργασται καὶ τὴν ἐν τούτοις ἀρχὴν δέδωκεν. Ἐπεὶ δὲ ὅ τε περὶ τούτων βασίλειος νόμος προλαβὼν ὡς ἔφην ἐπαίρει καὶ δίδωσι, καὶ αὐτὰ δὴ ταῦτα ἅπερ εἴρηται σφόδρα κινεῖ, σὺν Θεῷ δ' εἰρήσθω, καὶ τὸ τῆς ἡμετέρας βασιλείας φιλόκαλον, τὸ πλεῖστον ἐν τούτῳ μάλιστα συναίρεται · καὶ ἡ περὶ τὰ κάλλιστα καὶ θεοφιλῆ τῶν ἔργων χάριτι τοῦ Θεοῦ, καὶ προμήθεια ταύτης, συνιδεῖν τὰ δέοντα καὶ βουλεῦσαι καὶ προθυμία τε καὶ σπουδὴ μάλα ἐνεργὸς ἐκτελέσαι τε καὶ περάναι. Ἐκ πάντων ἄρα τούτων, τὸ καινίσαι τε πρὸς τὸ κρεῖττον καὶ προβιβάσαι τὰ τῆς ἁγιωτάτης ἐκκλησίας Μονεμβασίας ἐδοκιμάσθη, τῇ βασιλείᾳ

μου. Καὶ τοίνυν, φθάνει μὲν ἤδη πρότερον προθεσπίσασα, καὶ βαθμόν τινα
τῶν ὑψηλοτέρων ἔχειν ταύτην δὴ τὴν
ἁγιωτάτην μητρόπολιν, καὶ τόπον τινὰ
ἐκκλησίας ἑτέρας καὶ τάξιν προεσβεσμένης καὶ ὡσπερεὶ παρελθούσης· οὐ
μὴν ἀλλὰ καὶ μεγίστης ἐνορίας ἐξαρ-
χίαν τε καὶ ἐπισκοπὰς ἀναλόγως δια-
ταξαμένη τε καὶ προσηκόντως. Ἐπεὶ
δὲ αὐτὰ δὴ ταῦτα καὶ χρυσοβούλλῳ βε-
βαιωθῆναι καὶ τὸ πιστὸν λαβεῖν καὶ
ἄτρεπτον ἐξητήσατο ὁ ἀνωτέρω εἰρη-
μένος ἱερώτατος τῆς τοιαύτης ἐκκλησίας ἀρχιερεύς..... ἡ βασιλεία μου
καὶ τὸ τῆς τοιαύτης αἰτήσεως προσε-
δέξατο, καὶ πρὸς πέρας ἀγαγεῖν ηὐδό-
κησε. Καὶ τοίνυν τὸν παρόντα χρυσό-
βουλλον λόγον τό γε νῦν ἀπολύει, δι'
οὗ καὶ βούλεται σὺν Θεῷ καὶ εὐδοκεῖ
καὶ θεσπίζει· τόν τε ὡς εἴρηται νῦν
προϊστάμενον ἀρχιερατικῶς τῆς τοιαύτης ἁγιωτάτης μητροπόλεως Μονεμβασίας, καὶ καθεξῆς τὸν αὐτῆς δια-
δεξομένους θρόνον ἐπαπολαύειν τῆς
ἀνηκούσης τῷ τοῦ Σίδης θρόνῳ τιμῆς ἐν
ἅπασι, καθέδραις τε δηλαδὴ καὶ προε-
δρεύσεσί τε καὶ στάσεσι, γραφαῖς τε
καὶ ὅλως τοῖς ἐθισμένοις ἔργοις ἀρχιε-
ρατικοῖς καὶ λειτουργήμασιν ἅπασι·
φορεῖν δὲ καὶ σάκκον ἐν ταῖς θείαις
ἱεροτελεστίαις ὁμοίως δὲ καὶ διβάμ-
πουλλον, καὶ ἁπλῶς πάντα τὰ ἐκείνης
προνόμιά τε καὶ δίκαια ἔχειν, καὶ
ἔξαρχον τοῦτον μόνον εἶναί τε καὶ λέ-
γεσθαι πάσης δὴ τῆς Πελοποννήσου
τὸν τῆς τοιαύτης ἁγιωτάτης ἀρχιερατικῶς ἐκκλησίας προϊστάμενον, καὶ τῆς
ἐντεῦθεν τιμῆς ἀπολαύοντα· ἢ δὴ
καὶ τοῖς ἄλλοις εἴθισται τῶν ἱερωτά-
των ἀρχιερέων, τοῖς ἠξιωμένοις δια-
φόρων ἐξαρχεύειν θεμάτων τε καὶ χω-
ρῶν· ὡσαύτως δὲ πρὸς τοῖς ἄλλοις καὶ
τοῦτο θεσπίζει καὶ παρακελεύεται,
πάντας δηλαδὴ τοὺς ὑπ' αὐτὸν ἐπισκόπους ἐν ταῖς ψήμαις καὶ γραφαῖς
παναγιώτατον προσαγορεύειν καὶ ὀνο-
μάζεσθαι· αὐτὸν δὲ πάλιν ἐν τοῖς ση-
μειώμασι καὶ γράμμασιν ἰνδικτιῶνα
ἐμφαίνειν πρὸς αὐτοὺς καὶ πρὸς πᾶσαν
τὴν αὐτοῦ ἐπαρχίαν, ἀλλ' ἑτέρας ὑπο-

σημάνσεως. Ἐπεὶ δὲ ἔφθασαν προστεθῆναι πρότερον τῇ τοιαύτῃ ἁγιωτάτῃ
μητροπόλει καὶ ἐπισκοπαὶ αὗται, ἡ
τῆς Κυθουρίας, ἡ τοῦ Ἕλους, ἡ τῆς
Μαΐνης, ἡ τοῦ Ῥέοντος καὶ ἡ τοῦ Ζεμενοῦ, προσβεβαιοῖ μὲν προηγουμένως
καὶ προσεδράζεται ταύτας αὐτῇ καὶ
διὰ τοῦ παρόντος χρυσοβούλλου λόγου
..... ἡ βασιλεία μου, καὶ θεσπίζει
καὶ διατάττεται καὶ εἰς τὸ ἑξῆς ὑπ'
αὐτὴν εἶναι καθὼς εὑρίσκονται μέχρι
καὶ εἰς τὸ νῦν. Ἔστι μέν τοι δι' αὐτοῦ
δὴ τούτου τὸ φιλότιμον προσεπαύξουσά
τε ταύτῃ καὶ προσεπιτείνουσα εὐδοκεῖ
καὶ παρακελεύεται ὑπ' αὐτὴν εἶναι καὶ
ἑτέρας ἐπισκοπὰς ταύτας, ἤγουν τὴν
τῆς Κορώνης, τὴν τῆς Μεθώνης καὶ
τὴν τῆς Ἀνδρούσης, καὶ ὑποκεῖσθαι
ὁμοίως καὶ ταύτας τῇ αὐτῇ ἁγιωτάτῃ
ἐκκλησίᾳ τῆς Μονεμβασίας ὡς καὶ τὰς
ἄλλας, ὡς ἄρα μητροπόλει αὐτῶν, καὶ
δέχεσθαι εἰς ἀρχιερεῖς ἑαυτῶν οὓς ὁ ἐν
τῇ εἰρημένῃ ἁγιωτάτῃ μητροπόλει εὑ-
ρισκόμενος ἀρχιερεὺς χειροτονῆσαι δια-
κρίνοι καὶ ἐγκαταστῆσαι ἐπ' αὐταῖς.
Ἡ δὲ τῆς ἐπαρχίας ταύτης περίοδος
ὡς ἐν τύπῳ περιγραφικῷ ἐστιν οὕτω.
Πρῶτον μὲν οὖν Ἐπίδαυρος ἀρχαία ἡ
καλουμένη Λιμηρά· μετὰ δὲ ταύτην
ἐπὶ ἑῴαν προϊόντι ὁ Ζάραξ· προελθόντι
δὲ ἀπὸ Ζάρακος, παρὰ τὴν θάλατταν
κατιόντι, ἡ Κυπαρισσία, εἶτα ναὸς τοῦ
ἁγίου Λεωνίδου· μετὰ δὲ τὸ τοῦ ἁγίου
θεῖον τέμενος τὸ καλούμενον Ἄστρος·
ἐπαναβάντι δὲ κώμη ἡ καλουμένη
Καστάνιτζα· μετὰ δὲ ταύτην ἀπέρχεται εἰς ἑτέραν κώμην λεγόμενα Ζιν-
τζινα, εἶτα εἰς ναὸν τῶν ἁγίων Ἀναρ-
γύρων· ἔπειτα εἰς τὰς ἄλως τὰς ἀρ-
χαίας καὶ εἰς τὸ ξηρὸν φρέαρ, μεθ' ὃ
κατέρχεται εἰς ναὸν τοῦ ἁγίου Εὐθυ-
μίου· εἶθ' οὕτως εἰς τὴν σεβασμίαν
μονὴν τὴν εἰς ὄνομα τιμωμένην τοῦ
ἁγίου Γεωργίου καὶ ἐπικεχλημένην τοῦ
Λυχοβόση, ἀπὸ δὲ ταύτης τῆς σεβασμίας μονῆς διέρχεται διὰ τοῦ πεδίου
καὶ καταντᾷ εἰς τὴν ἀπέναντι θείαν
μονὴν τῆς ὑπεραγίας Θεοτόκου τὴν εἰς
ὄνομα τιμωμένην καὶ αὐτὴν τῆς Ἐλεού-
σης, οὖσαν πλησίον τῆς κώμης τοῦ

ἀρκασᾶ· εἶτα ἀπέρχεται εἰς ἑτέραν κώμην ὀνομαζομένην. . . . πρὸς τοῖς ποσὶ τοῦ ὄρους τοῦ Ταϋγέτου· κἀκεῖθεν ἀνέρχεται εἰς τὴν τούτου κορυφὴν, ἔνθα ἦν εὐκτήριον τοῦ προφήτου Ἠλιοὺ ἐπικεχλημένον Πενταδάκτυλον· καὶ πάλιν κατέρχεται κατὰ δεξιὰν εἰς εὐκτήριον ἕτερον τοῦ αὐτοῦ προφήτου Ἠλιοὺ, ὃ ἐπίκειται πρὸς τῷ τέλει τῆς πεδιάδος κατὰ φάραγγος τῆς σκληρᾶς καὶ δυσβάτου, ἐν ᾧ καὶ ὕδωρ ῥεῖ· μετὰ δὲ τὸ εἰρημένον εὐκτήριον αὖθις, κατὰ δεξιὸν μέρος τῷ καταβαίνοντι, εἰσὶ ταῦτα τὰ λεχθησόμενα χωρία τε καὶ πολίσματα· Δυῤῥάχιόν που ἀρχαῖον οὕτω καλούμενον· μετὰ δὲ τοῦτο κατέρχεται εἰς τὴν σωρὸν τὴν ὀνομαζομένην Γραός· εἶτα διέρχεται τῆς βασιλικῆς ὁδοῦ καὶ καταντᾷ εἰς τοὺς χοιρολάκκους· ἔπειτα ἀνέρχεται εἰς τὴν Βουλκάνην καὶ διέρχεται εἰς τοῦ βουνοῦ τὴν λεγομένην Ὀπὴν· εἶθ᾽ οὕτως εἰς τὸ ὄρος τὸ ὄρθιον· καὶ κατέρχεται εἰς τὴν Πύλον τὸν καλούμενον Ἀβαρῖνον, ἐν ᾧ καὶ λιμὴν μέγας. Πάντα ταῦτα καὶ ὅσα οἱ εἰρημένοι τόποι πρὸς τὰ νότια μέρη περικυκλοῦσι καὶ διορίζουσιν, οὗτός ἐστιν ὡς εἴρηται ὁ τῆς ἐπαρχίας περιοδικὸς τύπος ὡς ἐν συνόψει τῆς ἁγιωτάτης μητροπόλεως Μονεμβασίας, ἄνευ τῶν δύο ἐπισκοπῶν τῆς Κυθηρίας καὶ τῆς Ζεμενᾶς. Πλὴν εἰ καὶ ἀρτίως εὑρίσκονται τινὲς τῶν εἰρημένων ἁγιωτάτων ἐπισκόπων εἰς τὸ μέρος τῶν Λατίνων [1]· ἀλλ᾽ οὖν καὶ νῦν καὶ ὁπηνίκα Θεὸς εὐδοκήσει ἐπανελθεῖν καὶ ἀνασωθῆναι αὖθις ταύτας εἰς τὸ μέρος τῆς βασιλείας, ὑπὸ τὴν τοιαύτην ἔσονται ἁγιωτάτην μητρόπολιν Μονεμβασίας. Ἐπ᾽ ἀδείας τε ἕξει μετὰ τοῦ ἀνήκοντος ἀρχιερεῦσι δικαίου ὁ ταύτης δὴ προϊστάμενος χειροτονεῖν ἐπισκόπους ἐν αὐταῖς ὡς καὶ ἐν ταῖς δηλωθείσαις ἑτέραις ἐπισκοπαῖς· οὕτω γὰρ δὴ περὶ τούτων καὶ δεδοχί-

μακεν ἡ βασιλεία μου, καὶ διὰ τῆς δεδομένης ταύτῃ χάριτι τοῦ Χριστοῦ περὶ τῶν τοιούτων ἐννόμου καὶ θείας ὄντως ἀδείας τε καὶ ἐξουσίας παρεκελεύσατο, προηγουμένως μὲν δηλαδὴ ὡς εἴρηται τὸν τόπον ἔχειν τῆς προεσβεσμένης καὶ πρὸ χρόνων ἀπολομένης ἐκκλησίας τοῦ Σίδης, τὸν ταύτης δὴ τῆς ἁγιωτάτης μητροπόλεως Μονεμβασίας ἀρχιερατικῶς προϊστάμενον, καὶ τῆς ἐν τῷ τοιούτῳ θρόνῳ ἀνηκούσης ὡς δεδήλωται πάντῃ τε καὶ πάσης καὶ διὰ πάντων ἀπολαύειν τιμῆς· ἔτι γε μὴν καὶ ἐξαρχεύειν ἁπάσης τῆς Πελοποννήσου, πρὸς δ᾽ ἄρα τούτοις ἔχειν καὶ τὰς ἄλλας εὐεργεσίας ὡς ἄνωθεν εἴρηται· ὡσαύτως καὶ τὰς ὑπ᾽ αὐτὸν διαληφθείσας ἐπισκοπὰς ἅς τε δηλαδὴ πρότερον ὑποτεταγμένας εἶχε, καὶ ἃς νῦν ἐπιλοίπους προσεκύρωσεν ἡ βασιλεία μου καὶ κατ᾽ ὄνομα καὶ περιγραφικῶς πᾶσαι δεδήλωνται. Εἰς γὰρ τὴν περὶ τούτων ἁπάντων βεβαίωσιν, ἀσφάλειάν τε καὶ διαμονὴν ἄτρεπτον ὥστε διαπαντός. . . . . . . οὕτω φέρει. . . . καὶ μὴ κατὰ βραχὺ μετατραπῆναι καὶ μεταβολὴν ἡντιναοῦν ἐπ᾽ αὐτοῖς συμβῆναι καὶ ὁ παρὼν χρυσόβουλλος λόγος τῆς βασιλείας μου ἐπεβραβεύθη καὶ ἐπεχορηγήθη τῷ τε νῦν ἱερωτάτῳ μητροπολίτῃ τῆς τοιαύτης ἁγιωτάτης ἐκκλησίας Μονεμβασίας ὑπερτίμῳ καὶ ἐξάρχῳ πάσης Πελοποννήσου καὶ τὸν τόπον ἔχοντι τοῦ Σίδης· ἀλλὰ δὴ καὶ τοῖς μετ᾽ αὐτὸν διαδεξομένοις τὸν αὐτὸν θρόνον. Ἀπολυθεὶς κατὰ μῆνα Ἰούνιον τῆς ἐνισταμένης δευτέρας ἰνδικτιῶνος τοῦ ἑξακισχιλιοστοῦ ὀκτακοσιοστοῦ ἔτους [1], ἐν ᾧ καὶ τὸ ἡμέτερον θεοσεβὲς καὶ θεοπρόβλητον ὑπεσημήνατο κράτος. ✠ Ἀνδρόνικος ἐν Χριστῷ τῷ Θεῷ πιστὸς βασιλεὺς καὶ αὐτοκράτωρ Ῥωμαίων Δούκας Ἄγγελος Κομνηνὸς ὁ Παλαιολόγος.·.

---

[1] Dans la partie de la principauté de Morée qui appartenait aux Francs. Les Grecs n'avaient alors que les villes et le pays cédé par Guillaume de Ville-Hardoin pour sa rançon : Monembasie, Maïna et Misitra.

[1] L'an 6800 du monde ou 1292 de J.-C.

ANNEXE C.

ΙΣΟΝ ΑΝΤΙΓΡΑΦΟΝ ΤΩ ΠΡΩΤΟΤΥΠΩ ΧΕΙΡΟΓΡΑΦΩ

ΤΗΣ ΜΟΝΗΣ ΒΑΡΝΑΚΩΒΟΥ.

Μετάγραψις εὐγαλμένη ἀπὸ ταῖς κολώναις τῆς ἐκκλησίας τῆς ὑπεραγίας Θεοτόκου τῆς ἐπονομαζομένης Βαρνάκοβα, πλησίον[1] τῆς πόλεως Ναυπάκτου.

Ἐβασίλευσεν ὁ κὺρ Ἀλέξιος ὁ Κομνηνὸς[2] χρόνους τριάντα ἑπτὰ (λζ), ὅστις διὰ τοῦ Θείου καὶ ἀγγελικοῦ σχήματος μετωνομάσθη Ἀκακίας. Κεῖται δὲ ἐν τῷ λάρνακι, ἐσερχόμενοι ἐν τῷ ναῷ, ἐν τῷ ἀριστερῷ μέρει, ἐν τῇ αὐτοῦ μονῇ Βερνικώβου.

Μετὰ δὲ τοῦτον ἐβασίλευσεν Ἰωάννης ὁ Ἀνδριάς, ἔτη κδ[3].

Μετὰ τοῦτον ἐβασίλευσε κὺρ Μανουὴλ ὁ πορφυρογέννητος[4]. Κεῖται δὲ αὐτὸς ἐν λάρνακι τῆς ἑαυτοῦ μονῆς Βερνικώβου, εἰσερχόμενοι ἐν τῷ ναῷ δεξιὰ, ἀντίκρυς τοῦ κὺρ Ἀλεξίου, ὡς καὶ αὐτὸς κὺρ Μανουὴλ κρατήσας τῆς βασιλείας ἔτη λη[5].

Καὶ εἶναι οἱ κτήτορες τῆς ἁγίας μονῆς ταύτης τῆς Βερνικώβου Ἀλέξιος τοῦ Κομνηνοῦ, Μανουὴλ τοῦ πορφυρογεννήτου, Ἄγγελος τοῦ Δούκα, καὶ Ἀνδρόνικος, καὶ εἶναι γραμμένοι οἱ ἄνωθεν κτήτορες ἐν τῷ κώδικι τῆς αὐτῆς μονῆς, καὶ μνημονεύονται ἀκαταπαύστως εἰς ταῖς ἁγίαις, θείαις καὶ ἱεραῖς μυσταγωγίαις καὶ ἀκολουθίαις, ἕως τὴν σήμερον.

Τὸ δὲ τοποθέσιον τῆς Βερνικώβου ἦν ἐπὶ τόπου πεδινοῦ εἰς μέσον ἀνωμάλου, δηλαδὴ λακκώδη, ὁρίζων δὲ καὶ τοὺς τόπους τούτους, ἀπὸ δὲ τὸν πόρον τοῦ ὀνομαζομένου ποταμοῦ Μόρνου, ἕως τὸ ἄκρι τῆς θαλάσσης καὶ ἕως τὸ παλαιοκλήσι τοῦ ὀνομαζομένου ἁγίου Νικολάου μὲ ὅλον τὸν λόγγον καὶ ἀφιερώθη εἰς τὸ αὐτὸ μοναστήριον παρὰ τοῦ εὐσεβεστάτου Ἐμμανουὴλ τοῦ πορφυρογεννήτου. Ἔχει δὲ καὶ μετόχιον εἰς τὸ ἄκρον τοῦ λόγγου, πλησίον τῆς θαλάσσης τὸν ναὸν τοῦ ἁγίου Ἀρσενᾶ. Τὸ δὲ νεόκαστρον ὁποῦ εἶναι εἰς τὸ ἄκρον τοῦ λόγγου, ἀφιερώθη παρὰ Ἰωάννου βασιλέως τοῦ μετ᾽ Ἀκακίου, ἡγουμενεύοντος ἔτι Ἰωάννου τοῦ μοναχοῦ. Ἔχον δὲ καὶ πλησίον τῆς Ναυπάκτου μετόχιον εἰς τὴν πέτραν τῆς ὑπέξωθεν τῆς Ναυπάκτου, καὶ ἐλαιαῖς, ῥίζαις ἑξακόσιαις ἑβδομήντα ἕως τὸ ξηροπήγαδον, καὶ ἐλαιοτρίβιον, καὶ ἕτερον μῦλον, καὶ χρυσόβουλλα βασιλικὰ βεδράνα[1] καὶ ἄλλο μετόχιον πλησίον τῆς Παλαιᾶς Πάτρας, τὸ ὀνομαζόμενον Τρεῖς Ἐκκλησίαις[2] αἱ ὁποῖαι ἐκτίσθησαν παρὰ τοῦ εὐσεβεστάτου Ἀνδρονίκου τοῦ Παλαιολόγου, αὐθεντεύοντος τούτου τῆς Παλαιᾶς Πάτρας ἔτη θ[3] καὶ τότε ἀφιέ-

---

[1] A quatre heures de route à l'est.
[2] Alexis Ier régna de 1081 à 1118.
[3] Vingt-quatre ans. Jean II régna de 1118 à 1143.
[4] Manuel régna de 1143 à 1180. A Manuel succéda Alexis II en 1180; — puis Andronic en 1183; — puis en 1185 Isaac l'Ange, détrôné par son frère Alexis, qui fut à son tour détrôné par les Francs en 1204.
[5] Trente-huit ans.

[1] Μεμπράνα.
[2] G. Phrantzi parle du même lieu. Εὑρέθωμεν εἰς τόπον πλησίον τῶν ὁρίων τῶν Παρθηνῶν ἀμπιλώνων, καλούμενον εἰς τὰς Τρεῖς Ἐκκλησίας (p. 136).
[3] Neuf.

ρωσε τὰς πρόσθεν ἐκκλησίας εἰς τὸ ἄνωθεν μοναστήριον, τὸν ναὸν τοῦ ἁγίου Νικολάου, τοῦ ἁγίου Ἀνδρέου καὶ τῆς ὑπεραγίας Θεοτόκου, αἱ ὁποῖαι εἶναι ὡς φαίνονται, καὶ ἀνταμωμέναις, ἔχων ἐκεῖ καὶ ζευγάρια ἕξη, καὶ ἐλαιαῖς ἑκατὸν ὀγδοήκοντα, καὶ τόπον εἰς τὸ ἄκρον τοῦ ποταμοῦ Λευκᾶς ὁποῦ εἶναι κατὰ τὴν Πάτραν, καὶ ἕτερα χρυσόβουλλα εἰς τὸ νὰ μὴ ἀποξενωθῶσι ταῦτα. Γεγόνασι δὲ ταῦτα ἡγουμενεύοντος ἔτι τοῦ κὺρ Τιμοθέου, ὁ ὁποῖος ἦν πρώην τοῦ Ἰωάννου τοῦ μοναχοῦ, βασιλεύοντος τοῦ κὺρ Ἰωάννου τοῦ Ἀνδριᾶ, καὶ ἐδόθησαν χρυσόβουλλα ἄξια παρὰ πάντων τῶν αὐθεντῶν. Καὶ διὰ τὴν εὐλάβειαν τοῦ αὐτοῦ μοναστηρίου ὥρκισεν πρὸς Θεὸν τὸ μηδεὶς τῶν μεταγενεστέρων αὐθεντῶν τε καὶ βασιλέων ἐνοχλῆσαι τίποτε τὸ ἄνωθεν μοναστήριον. Ἦσαν δὲ τότε ἱερομόναχοι καὶ ἱεροδιάκονοι ἐννενήκοντα ἕξη, ὡς φαίνονται τὰ κελλία των, καὶ ἡ ὑπογραφὴ τοῦ καθ' ἑνὸς εἰς τὸν κόδικα τοῦ μοναστηρίου ἐν ἔτει ἀπὸ Ἀδὰμ 6702, ἀπὸ Χριστοῦ 1212 (1194).

Sur le mur de l'église du même monastère de Varnacova on lit quatre lignes en caractères ecclésiastiques avec la date de 6585 du monde ou 1077 de J.-C., et de 6657 du monde ou 1149 de J.-C.

———

Au bas de ces extraits se trouve cette note dans la copie que m'a donnée à Athènes M. Ross:

Τὰ ἀντίγραφα ταῦτα ἀντεγράφησαν, ὡς διηγοῦνται οἱ μοναχοί, ἀπὸ τὰς τετραγώνους στήλας τῆς ἐκκλησίας, αἱ ὁποῖαι ἦτον ἀνέκαθεν τῆς κτίσεως τῆς ἐκκλησίας γεγραμμέναι.

ANNEXE D.

ΙΣΤΟΡΙΑ ΤΗΣ ΜΑΝΗΣ, ΗΘΩΝ, ΧΩΡΙΩΝ ΚΑΙ ΙΝΤΡΑΤΩΝ ΑΥΤΗΣ.

Μεγάλον βουνὸν βρίσκεται, ἀπάνω στὰ Μωρία,
Στὸν τόπον τῆς Λακωνικῆς ὡσὰν τὴν Πιερία,
Ταΰγετον τὸ ἔλεγαν οἱ παλαιοὶ Σπαρτιάτες.
Καὶ μακρυνὸν τὸ λέγουσιν ἥλιον οἱ Μανιάτες.
Εἶναι καὶ ἄλλα περισσὰ βουνά, μικρότερά του
Ἀπὸ τὸν κάβον Ματαπᾶν ἕως ἐκεῖ κοντά του,
Σ' αὐτὰ τὰ ὄρη φύγανε οἱ μαῦροι Σπαρτιάτες,
Καὶ εἶναι αὐτοὶ ποὺ λέγονται τὴν σήμερον Μανιάτες.
Γιὰ νὰ φυλάξουν τὴν ζωὴν καὶ τὴν ἐλευθερία
Ἔκτισαν χώραις στὰ βουνά, καὶ περισσὰ χωρία.
Δὲν ἧτον φυσικὸν σ' αὐτοὺς νὰ γένουν σκλάβοι δοῦλοι,
Ἀλλὰ νὰ εἶναι ἐλεύθεροι γιὰ τί δὲν ἧτον δοῦλοι,
Ἀλλ' ἧτον Σπάρτης γνήσια παιδία τὰ καϋμένα
Κ' ἐλεύθερα γεννήματα καὶ καλομαθημένα·
Γιὰ τοῦτο χώραις ἔκτισαν στὰ ὄρη καὶ χωρία,
Καὶ ζοῦν ἕως τὴν σήμερον εἰς τὴν ἐλευθερία.
Ἐτούτων ἐγὼ βούλομαι νὰ γράψω ἱστορία,
Καὶ χώραις καὶ τὰ ἤθη τους ἰντράδες καὶ χωρία·
Ἑπτὰ καὶ δέκα κί κατὸν εἰν' ὅλα τὰ χωρία,
Ὅπου κρατοῦν τὰ ἄρματα εἰς τὴν ἐλευθερία,
Καὶ μονομίας δύσκολον εἶναι νὰ εἰμπορέσω
Νὰ τὰ συγγράψω ἀκριβῶς ἂν δὲν τὰ διαιρέσω.
Καὶ διὰ τοῦτο, τὸ λοιπὸν τὴν Μάνην κάμνει χρεία
Νὰ τὴν ἐξεχωρίσωμεν εἰς μέρη, μόνον τρία.
Τὸ μέρος τ' ἀνατολικὸν λέγεται κάτω Μάνη,
Τὰ ἄλλα δύο τὰ δυτικὰ ἔξω καὶ μέσα Μάνη.
Τώρα λοιπὸν ἂς γράψωμεν διὰ τὸ κάθε ἕνα,
Ἰντράδες χώραις ἤδη τους καὶ ὅλα ἐν πρὸς ἕνα.
Καὶ πρῶτα νὰ ἀρχίσωμεν διὰ τὴν κάτω Μάνη,
Ὁποῦ βαμπάκι περισσόν, καὶ βιλαννίδι κάμνει,
Καὶ ἔχει χώραις τέσσαρας, καὶ τετραπλῆν δεκάδα,
Ἰδοὺ καὶ τὰ ὀνόματα, τὰ λέγομεν ἀράδα,
Τὰ Τζικάλια, τοὺς Καλονιούς, Παλιάνικα, καὶ Λάγια
Μεγάλη χώρα εὔμορφη, πολλὰ καλὴ καὶ ἅγια,
Λιοντάκη, Δημαρίστικο, Δριάλι καὶ τὸ Νῆσι
Καὶ τὰ Κορογιάνικα, σὰν κακομοίρα νύμφη,
Γόνια, Βάτα, Κόντρον, καὶ ἕνα Φλοχῶρι
Καὶ τὰ Σκαλτζοτιάνικα καὶ τὸ Ριγανοχῶρι,
Λουκάδικα καὶ Κάβαλος, Χειμάρα καὶ Σκουτάρι,
Ἐτοῦτο λάμπει στὰ λοιπὰ χωρία σὰν φεγγάρι·
Βαχὸς καὶ Παλιο-κάλυβα, Πυραυρός, Καρέα,
Καὶ Τζεροβὰ καὶ Κρυὸ-νερὸν ψυχρὸν σὰν τοῦ Βοριᾶ,
Σκουφιάνικα καὶ Πολοβὰ καὶ Σηδερο-καστρίτες,
Μηνιάκοβα καὶ τὸ Καυκὶ καὶ Πολιτζαραβίτες,
Ἡ Μαρθθία, Μπάνιτζα, Σκαμνάκι, καὶ Νιοχῶρι,
Πήλαια, Τουρκατζιάνικα, καὶ τὸ Καρβελοχῶρι,
Ἡ Λίμνη καὶ τὸ Λίμπερδο, Βρίνασα καὶ Μελίσσοι
Τοῦ Λάγιου, Ντζανετούπολις εἰς τὸ Μαραθονῆσι·
Ἐτοῦτα εἶναι τὰ χωριὰ τῆς κάτω Μάνης ὅλα,
Καὶ ἕναν δι' αὐθέντη τους γνωρίζουν ταῦτα ὅλα
Ντζανέτμπεην τὸν θαυμαστὸν π' ὄκτισε τὸ Μελίσσοι
Καὶ πολιτείαν εὔμορφην εἰς τὸ Μαραθονῆσι,
Τὸ γένος τὸ Παπουδίκον λέγεται Γλυγοράκης
Κ' ἡ πατρικὴ ἀξία του ἧτον καπετανάκης.
Πλὴν τώρα ἂς περάσωμεν καὶ εἰς τὴν ἄλλην Μάνη
Καὶ πάλιν ματαλέγομεν διὰ τὴν κάτω Μάνη.
Ἀπὸ τὴν Κελεφὰ κ' ἐκεῖ κατὰ τὴν Καλαμάτα
Ζωτὴ, Μηλία, Ἀνδρούβιστα, καὶ ὅλη ἡ Ζαρνάτα

Καὶ ἕως τὴν ἁγιὰν Σιὼν λέγεται ἔξω Μάνη,
Μετάξι λάδι περισσὸν καὶ προινοκόκι κάμνει.
Κληνσσούραις ἔχει φοβεραῖς, λαγκάδια ἄγρια,
Καὶ χώραις ἔχει θαυμασταῖς καὶ δυνατὰ χωρία.
Σαράντα ἕξη εἰν' αὐτὰ καὶ χώραις, καὶ χωρία,
Νὰ τὰ εἴπω κατ' ὄνομα π' τώρα κάμνει χρεία,
Πηγάδια καὶ Πήλιτζα, Μαντήνιες εἶναι δύω·
Τρικότζοβα, καὶ οἱ Δολοὶ καὶ τοῦτοι πάλιν δύω.
Βαρούσι, Κάμπος, Γαστιτζὶς ἀκόμη καὶ ἡ Μάλτα,
Τὰ Μπρίτα καὶ ἡ Νερθβὰ εἰν ὅλα στὴν Ζαρνάτα,
Τὰ Τζέρια κ' ἡ Κάλυβαις, Ζεχῶρι, Σπαρδαμοῦλα,
Πράστιου καὶ Λιασίνοβα καὶ Βαϊδινίτζα οὖλα,
Αὐτὰ καὶ ἡ Ἀνδρούβιστα καὶ ὅλα τὰ Πουλία,
Εἰς τὴν ποδίαν βρίσκονται τοῦ μακρυνοῦ ἥλια·
Ἀπὸ ἐδῶ τώρα κ' ἐμπρὸς θέλω ν' ἀρχινήσω
Καὶ τοῦ Ζυγοῦ τοῦ Μελιγκοῦ τῆς χώραις ν' ἀριθμήσω.
Ὁ Λευβρὸς εἶναι ἐμπροστὰ παρέκει τὸ Νιοχῶρι
Καὶ Πύργος, Φοραδόπιστος, Ὀλόστα, Τανηφόρι,
Καὶ ἀπ' ἐκεῖ τὰ Ρίγκλια, καὶ τοῦ Μπαξίου χῶρα.
Κοτρόνι πάλιν καὶ Λοζνὰ καὶ ἡ μεγάλη χῶρα·
Στὴν μέσην εἶναι τοῦ Ζυγοῦ Πλάτζαν τὴν ὀνομάζουν,
Γιὰ τὸν πολὺν τὸν πασπαλᾶν ποῦ τρώγει τὴν θαυμάζουν,
Καὶ Νομιτζῆς ὁ Δίναμος, παράνω καὶ παρέκει
Κ' ἐκεῖ κατὰ Κουτούφαρις ὀλίγον τι παρέκει,
Λαγκάδια εἶναι παρεκεῖ καὶ παρεμπρὸς Πουλιάνα,
Καὶ παρεκεῖθεν Βύτηλας καὶ τοῦ βοριᾶ τὴν Μάνα.
Στὴν ἄκρην εἶναι ἡ κεφαλὴ αὐτὴ καὶ κάστρον ἔχει,
Ἀλλ' ὅμως εἶναι ἔρημον καὶ τίποτες δὲν ἔχει.
Ἐτοῦτα εἶναι τοῦ Ζυγοῦ καὶ χώραις καὶ χωρία.
Λοιπὸν καὶ διὰ τὴν Μηλιὰν νὰ ποῦμεν κάμνει χρεία,
Καθὼς ἀπὸ τὴν Πζηκα, θέλω νὰ ἀρχηνίσω
Καὶ στῆς Θεοῦσες ν' ἀναβῶ νὰ τῆς ἱστριανήσω
Νὰ γράψω καὶ τὴν χώρα τους Καστάνια τ' ὄνομά της
Κ' εὐθὺς νὰ εὔγω ἀπ' αὐτὴν νὰ φύγ' ἀπὸ κοντά της
Νὰ ἔλθω στὴν Ἀράχοβα τὴν πόλη ξακουσμένη
Ποσσίνα Στριγκλολάρκαδο εὑρίσκεται χωσμένη,
Καὶ ἀπ' ἐκεῖ νὰ ἔλθωμεν καὶ εἰς τοὺς Λυκοπάτες
Τοὺς κατζικογηδόκλεπτας καὶ νύκτω περιπάτες
Νὰ γράψωμεν τὴν χώραν τους καὶ τούτων τῶν γοργάδων
Στῆς μάχης καὶ στὸν πόλεμον τῶν μπαρουτοραγάδων
Αὐτ' εἶναι τρισυπόστατος καὶ λέγεται Μηλέα,
Ὡς ἕνα κάρτο παρέκει εἶναι καὶ ἡ Γιαρμπελία,
Ἐτοῦτα εἶναι τῆς Μηλῆς τὰ δυτικὰ χωρία,
Τὰ ἄλλα εἶναι βορηνὰ στὴ πιστηνὴ μερία.
Μπροστὰ εἰν ἡ Κασταννίτζα στῆς μάγαις ἀκουσμένη,
Καὶ στὴν Τουρκιὰ ἀκούεται ἂς εἰν καὶ μεθυσμένη
Τὸ Σελεγούδη, τὸ πτωχὸ τὰ Κόκκινα, Λουρία,
Ὁ ἅγιος Νικόλαος καὶ ἄλλα δύω χωρία,
Μαλτζήνα λέγεται τὸ ἓν ἀρχοντικὸ τὸ ἄλλο
Καὶ ἕως ἐκεῖ σώνονται δὲν εἶναι πλέον ἄλλο.
Ἡ ἔξω μάνη χόβεται τίσσεραις ἐπαρχίαις
Καὶ ἔχει πέντε ἐπισκοπαῖς καὶ ἑπτὰ καπιταννίαις,
Ζαρνάτας, καὶ Ἀνδρούβηστας, καὶ ἕνας στὴν Μηλαία,
Καὶ ὁ Μελτζίνης τοῦ Ζυγοῦ· δὲν εἶναι ἄλλος πλία.
Εἰς τὴν Ζαρνάτα βρίσκονται δύο καπεταναίαις
Ἡ νὰ εἴπω καλήτερα πῶς εἶναι τυρανίαις,
Ἡ μία στὰ Τρικότζοβα, τοῦ καπετὰν Γιωργάκη
Καὶ ἡ ἄλλη εἶναι στῆς Κύδρις τοῦ κὶρ Κουμουντουράκη

Καὶ μία στὴν Ἀνδρούβιστα τοῦ καπιτὰν Τρουπάκη,
Καὶ ἄλλη μία στοῦ Ζυγοῦ τοῦ καπιτὰν Χριστάκη·
Καὶ στὴν Μηλαία εἶναι τρεῖς καὶ μόνον καπιτάνοι,
Καὶ ἄλλοι δύο βρίσκονται καὶ εἰς τὴν κάτω Μάνη·
Κυθέλαι εἶναι στὴν Μηλιά, Ντουράκη στὴν Καστάνια,
Βενετζανάκης κάθεται εἰς τὴν μικρὴν Καστάνια.
Καὶ τοῦτοι ὅλοι ξεύρουσι γιὰ μεγαλήτερόν τους
Καὶ διὰ πρῶτον ἀρχηγὸν καὶ γιὰ καλήτερόν τους
Ντζανέτ μπεην τὸν ἥρωα τὸν θαυμαστὸν ἀνέρα,
Πατρίδος στύλον στερεὸν· τοῦ ὀρφανοῦ πατέρα·
Στὴν Μάνην ὅλην πρέπει του καὶ εἰς τὴν Λακονία,
Νὰ εἶναι πρῶτος ἀρχηγὸς νὰ ἔχ' ἡγεμονία,
Γιὰ τί εἶναι φιλόξενος φιλόπατρις μεγάλος·
Στὴν Μάνην κάμνει πράγματα ὁποῦ δὲν ἔκαμ' ἄλλος,
Καμπάνα στὸ παλάτι του σημαίνει βράδυ γεῦμα.
Τὴν εἶδα μὲ τὰ μάτια μου, αὐτὸ δὲν εἶναι ψεῦμα.
Καὶ ὅση τὴν ἀκούουσιν θαρρετικὰ πηγένουν
Καὶ πρόγουν εἰς τὴν ταῦλαν του καὶ χορτασμένοι βγένουν,
Πτωχοὺς καὶ ξένους ἀγαπᾷ, τὸν τόπον του φυλάττει
Καὶ τοὺς κακοὺς τοὺς κυνηγᾷ τοὺς ληστὴ σὰν ἀλάτι,
Καὶ διὰ τοῦτο πείθονται καὶ γέροντες καὶ νέοι
Καὶ ὅλ' ἡ Μάνη εἰς αὐτὸν καὶ οἱ καπιτάνοι·
Ἔξω καὶ μόνον ἀπ' αὐτοῦ τοῦ κὺρ Κουμουντουράκη
Ὅτι ἀγαπᾷ στὸν τόπον του νὰ εἶναι σὰν γεράκι
Καὶ τοὺς πτωχοὺς νὰ τυραγῇ τὸ πρᾶγμα τοὺς ναρπάζει
Νὰ τρώγῃ μὲ τὴν τόμνα του ὁ τόπος νὰ στενάζῃ,
Καὶ τὴν λοιπὴν βουλήθηκεν τὴν Μάνην νὰ ποτάξῃ
Νὰ πέρνῃ καὶ τὸ λάδι της, ναρπάζει τὸ μετάξι
Καὶ στὴν Μηλία ἤλπιζε νὰ μπῇ νὰ τυρανήσῃ
Νὰ πάρῃ ἐπαντήχενε καὶ τὸ Μαραθονῆσι,
Μὲ τὴν Τουρκιὰ παντείχειε τὴν Μάνην νὰ τρομάξη
Καὶ ὅλα τὰ κουμάντα τῆς γιὰ νὰ τὰ ὑποτάξῃ,
Ἀσκέοι στερεᾶς ἔφερεν καὶ στὸν γιαλὸν ἄρματα.
Καὶ ἀπὸ τὴν Ἀνδρούβησται ἀργήνησεν ἀράδα·
Ἀλλ' ὅμως τὸν ἀπάντησαν ἀνδριωμένοι νέοι
Καὶ φοβεροὶ τοῦ βγῆκανε μπροστὰ καπιτανέοι
Στὴν Σκαρδαμούλα σμίξανεν ἐκεῖ τὸν ἀπαντήσαν
Καὶ σὰν τὰ λεωντάρια, ἐπάνω τους πηδῆσαν·
Ὁ ἕνας ἐδίωχνε ἑκατόν, οἱ ἑκατὸ χίλιους,
Καὶ τοὺς ἀνεμοσκόρπησαν τοὺς ἔκαμαν ἀθλίους
Καὶ τρομασμένος ἔφυγε μὲ τῆς στερεᾶς τ' ἀσκέρι,
Καὶ στὸ γιαλὸ παράβησε, τὸν μαῦρον Σερασκιέρη,
Καὶ ἔτρεμ' ἡ ἀρήδα του, ὅσον νὰ μπῇ στὴν βάρκα,
Καὶ ἀπὸ τὴν τρομάρα του, ἐγέμισε τὴν βράκα.
Ἐπότες ὁ Ντζανέτ μπεης, ἂν ἤθελε θελήσῃ,
Νὰ κινηθῇ, ὀλίγον τι καὶ νὰ μὴν ἀμελήσῃ
Ὁ Κουμουντούρης στῆς Κυτρὲς καὶ μήτε στὴν Ζαρνάτα,
Δὲν ἠμπορούσε νὰ σταθῇ, μηδὶ στὴν Καλαμάτα,
Ἀλλὰ τὸ ματαπάθαινε μετάβλεπι σκλαβίαν
Καθὼς τὸν ἐματάστειλε στὸν μπάνον μὲ τὴν βίαν,
Μὴ τὸν ἐλυπήθηκε καὶ εἰπε· τί μᾶς μέλλει
Ἀφήτετον στὸν τόπον του νὰ κάμνῃ ὅτι θέλει.
Τοιαύτη εἶναι Στάρματα ἡ κάτω κ' ἔξω Μάνη
Διὰ τοὺς φίλους χάνεται καὶ τοὺς ἐχθροὺς δαγκάνει·
Ἀλλὰ νὰ μὴν ἐμάλοναν καὶ ἕνας μὲ τὸν ἄλλον
Καὶ ὁ μικρὸς νὰ γνώριζε νὰ τίμα τὸν μεγάλον
Καὶ μόνοι νὰ μὴ γίνονται καὶ κούρσαι καὶ κλεψίαις
Καὶ νὰ μὴ χαλούσανε καὶ σπήτια κ' ἐκκλησίαις,
Ἀλλὰ γιὰ τὴν πατρίδα τους, καὶ τὴν ἐλευθερία
Εὐθὺς εὐθὺς μονογνωμοῦν καὶ τρέχουν σὰν θηρία.
Ἄχ ἄχ Μανιάτες ἀδελφοὶ νὰ κάμετ' ἕνα πρᾶγμα,
Κ' ἐγὼ Μανιάτης γίνομουν, σᾶς ἔδιδα καὶ γράμμα,
Νὰ κάμνετε στὸν τόπον σας κανένα δύο σχολεῖα,
Αὐτὰ νὰ γένουν ἠμποροῦν μὲ δίχως δυσκολία,
Νὰ μάθουν οἱ παπάδες σας καὶ νὰ ξεστραβωθοῦνε
Γιὰ νὰ διδάσκουν τὸν λαὸν νὰ τὸν καθοδηγοῦνε,
Νὰ μάθουν τὰ κουμάντα σας νὰ κυβερνοῦν τοὺς ἄλλους
Καὶ οἱ μικροὶ νὰ πείθωνται στοὺς πρώτους καὶ μεγάλους,
Καὶ τότε νὰ ἐμβλέπατε μὲ πόστη εὐκολίαν
Καὶ κέρδος καὶ ὠφέλειαν σᾶς δίδουν τὰ σχολεῖα,
Νὰ τιμηθῇ ὁ τόπος σας, χῶραις νὰ ἡσυχάσουν,
Νὰ εἰρηνεύσουν τὰ χωριὰ καὶ τὰ κακὰ νὰ χάσουν
Νὰ ἀκουστῆτε καὶ ἐτεῖς παντοῦ νὰ τιμηθῆτε·
Εἰδὲ καὶ δὲν θελήσετε ἄμετε νὰ χαθῆτε,
Κ' ἐγώ, ὢ πολλὰ πικραίνομαι καὶ φεύγω λυπημένος,

Καὶ ἀπὸ τὴν πατρίδα σας εὐγένω πικραμένος.
Μὲ λύπην ἄκραν στὴν ψυχὴν καὶ στὴν καρδιαν δειλιαν
Πηγένω στὰ θεώρια καὶ στὴν κακαδουλίαν
Νὰ γράψω τὴν πατρίδα σας, νὰ μὴ χασομερήσω,
Χωρία, χῶρας, ἤθη, τους ἰντράδες νὰ στορήσω.

Νὰ ἀρχινήσω παρευθὺς χωρὶς ἀργοπορία
Εἰκοστάζι εἰν αὐτὰ καὶ χῶραις, καὶ χωρία,
Ἡ πρώτη, εἰν ἡ Τζίμποβα, καλὴ χῶρα μεγάλη·
Ἔχει καὶ καπετάνον ἕνα Καραμιχάλη.
Καὶ παραπάνω ἀπ' αὐτὴν κατὰ τὸ Ῥιζοβοῦνι
Χωρίον ἄλλο βρίσκεται καὶ λέγεται Κουσκοῦνι,
Κριλιάνικα, Σκυτιάνικα, Πύργος, Χωριά, Δριάλη
Παλιοχώρα καὶ ὁ Γρεμὸς κ' ἡ Μπαούσακα ἡ ἄλλη,
Καὶ ἄλλο Μπρίκι λέγουσι Καψίνα καὶ Μαρίνα
Κουλούμη λέγουν ἕτερον καὶ ἄλλο Μήνα,
Ἡ Κήτα ἡ Πολύπυργος κ' Ἠνέμια παρομοία,
Σταυρί καὶ Κεχιάνικα καὶ Κοῦναι ἄλλη μια,
Ἄνω καὶ κάτω Μπουλαροὶ τὸ Δρὶ καὶ ἡ Κηπούλα,
Ἡ Βάσια καὶ τὰ Ἄλικα ἐτοῦτα εἶναι οὖλα
Καὶ μέσα Μάνη λέγονται καὶ εἶναι ὅλ' ἀράδα,
Ὀρδήκια, καὶ Φραγκόσυκα ἡ πρώτη τους ἰντράδα
Δένδρον ἢ ξύλον ἢ κλαδὶ δὲν εἶναι μήτε ἕνα,
Δὲν βρίσκουν ἴσκιον νὰ σταθοῦν θεούρια τὰ καϊμένα,
Νερὰ δὲν βγένουν πούπεται σ' ὅλην τὴν μέσα Μάνη,
Καρπὸν κουκία μοναχὰ καὶ ξεροκρίθι κάμνει,
Αὐτὰ γυναῖκες σπέρνουν τὰ, γυναῖκες τὰ θερίζουν,
Γυναῖκες τὰ δεμάτια σταλῶνι συναθροίζουν,
Γυναῖκες μὲ τὰ πόδια τους γυμνὰ τὰ ἁλωνίζουν,
Γυναῖκες μὲ τὰ χέρια τους μονάχαις τὰ λιγνίζουν,
Γυναῖκες μὲ τὴν ράχη τους γυμναῖς τὰ κουβαλοῦσι,
Τὰ βγάζουν τὰ χρυσᾶ σκουτιὰ γιὰ νὰ μὴ τὰ χαλοῦσι·
Ἀπὸ τὴν κάψα τὴν πολλήν τὴν βράσην τοῦ ἡλίου,
Πετάγεται ἡ γλῶσσα τους σὰν κατζαλοῦ σκυλίου,
Τὰ χέριά τους τὰ πόδια τους εἶναι ξεροσκασμένα
Σὰν τῆς χελώνας ὅμοια καὶ χοντροπετζιασμένα,
Τὴν νύκτα τὸν χειρόμυλον τραβοῦν γυρίζουν κλαίγουν
Ἀλίθουν τὰ κριθάρια καὶ μυρολόγια λέγουν,
Καὶ τὸ ταχὺ μισόγυμνες μετὰ κοφίνια, βγένουν
Καὶ εἰς τοὺς λάκους τρέχουσι γιὰ τῆς κοπριὲς πηγένουν
Ἐκεῖ ὅπου τὰ ζῶα τους νερὸν πάνε καὶ πίνουν
Καὶ ξεμεσημεριάζουσι καὶ τῆς κοπριὲς ἀφήνουν.
Ἐκεῖ κ' ἐκείναις τρέχουσι, καὶ κάβαλα γυρεύουν
Γιὰ τί μ' ἐκεῖνα τὸν χυλὸν ποῦ τρώγουν μαγειρεύουν
Τῆς βλέπης, τότ' ἀνπρότερες καὶ ἀπὸ τῆς κουροῦνες,
Ἀκόμη παστρικώτερες καὶ ἀπὸ τῆς γουροῦνες
Διότι μετὰ χέρια τους τὰ κάβαλα ζηριόνουν
Τὰ πλάθουν ῥοϊδοκούτζουρα στὸν ἥλιον τἀπλώνουν
Καὶ σὰν ξεραθοῦν ὕστερα στὸ σπῆτι τὰ συνάζουν,
Καὶ μερτηκὸν τῶν ὀρφανῶν καὶ τῶν χηράδων βγάζουν.
Ὢ ψυχικὰ ποῦ κάμνουσι νάχετε τὴν εὐχήν τους·
Τὰ κάβαλα μπηράζουσι γιὰ τὴν μαυροψυχήν τους.
Οἱ ἄνδρες ἄλλοι περπατοῦν στὰ κούρσα καὶ χλαιψίες,
Καὶ ἄλλοι σ' ἄλλους πολεμοῦν νὰ κάμουν ἀπιστίες,
Ἄλλος ἀλλοῦθι, περπατεῖ νὰ εὕρῃ τὶ νὰ κλέψῃ,
Καὶ ἄλλος ἄλλον καρτερεῖ διὰ νὰ τὸν φονεύσῃ,
Ἄλλος τὸν πύργον του κρατεῖ νὰ μὴν τὸν πιάσῃ ἄλλος,
Καὶ ἄλλος ἄλλον κυνηγᾷ καὶ ἄλλον πάλιν ἄλλος,
Καὶ γείτονας του τὸν γείτονα κουμπάρος τὸν κουμπάρον,
Καὶ ἀδελφὸς τὸν ἀδελφὸν τὸν βλέπει σὰν τὸν χάρον,
Καὶ ἄλλος φονικὸν χρωστᾷ καὶ ἄλλου χρεωστοῦνε,
Εἰς ἄλλον φίλοι τάζονται, καὶ ἄλλον ἀπιστοῦνε,
Ἄλλος γυρεύει ἀδελφὸν, καὶ τὸν πατέραν ἄλλος,
Καὶ ἄλλος πάλιν πάπον του, καὶ τὸν προυπάπον ἄλλος,
Καὶ ἄλλος πρῶτον ξάδελφον, ἄλλος ἀνεψιόν του,
Καὶ ἄλλος ἄλλον συγγενὴν, καὶ ἄλλος τὸν υἱόν του,
Γιατί ὅσοι πηγένουσι στὸν ἅδη σκοτωμένοι
Καὶ δὲν τοὺς ἐδικαιώσουσι μνήσκουν κολασμένοι·
Δὲν θέλουν νὰ ἀλλάξουσι δὲν θέλουν νὰ πλυθοῦσι
Καὶ μήτε μπαρμπερίζονται ἂν δὲν δικαιωθοῦσι,
Τοὺς βλέπεις μὲ τὰ γένια, καὶ καταλερομένους
Σὰν βρικολάκους ἀγρίους καὶ καιβ' ἀρματομένους·
Καὶ γέρους ὀγδοήκοντα χρονῶν καὶ παραπάνω
Τοὺς βλέπεις μὲ τὰ ἄρματα καὶ τὰ βαστοῦν ἀπάνω
Τὸ κοίτασμά τους ἄγριον ἄσχη θεορία.
Καὶ μάτια ἔχουν κόκκινο, καὶ νύχια σὰν θηρία,

'Αν ἀποθάνη καὶ κανεὶς ἀσκότωτος τὸν κλαίγουν
Ἀσκότωτον ἀμάτωτον ἀδίκιωτον τὸν λέγουν,
Τὸν κλέγουσι καὶ σκούζουσι, γιατὶ δὲν ἠμποροῦσι
Μηδὲ ἰλπίζουσι ποτὲ τὸν χάρον νὰ εὑροῦσι
Διὰ νὰ τὸν σκοτόνουσι καὶ νὰ δικαιωθοῦσι,
Νὰ πάρουσι τὸ δίκιον τους, καὶ νὰ παρηγορηθοῦσι.
Γιὰ τὰ παιδία, τὰ μικρὰ ὁπόταν γεννηθοῦσι
Χυλόπιτες μοιράζουσι, γιὰ νὰ τὰ εὐχηθοῦσι·
Τὴν πόρταν ὅλοι τρέχουσι καὶ τουρκιὲς βαροῦσι
Καὶ νὰ τοὺς βγάλουσι χυλὸν νὰ φᾶσι καρτεροῦσι.
Ἐκεῖ καὶ χήρες τρέχουσι καὶ καλομοίρες πᾶσι
Νὰ τὸ καλομοιράνουσι χυλόπιτες νὰ φᾶσι
Ἡ καλομοίρες λέγουσι καλῶς ἦλθε νὰ ζήση
Νὰ γίνη καλὰ στάρματα, καὶ τοὺς ἐχθροὺς νὰ σβύση
Ἡ χήρες πάλιν στέκονται σὰν παραπονεμένες
Καλὰς εὐχὰς τοῦ δίδουσι κ' ἐκεῖνες ἡ καϊμένες
Ἡμεῖς ἄνδρα δὲν ἔχομεν γιὰ νὰ τὸν τουφεκίση
Μοῦ ὁ Θεὸς ποὺτ' ὥσιν νὰ σᾶς τὸν τουφεκίση,
Τοὺς ξένους ὅταν τύχωσι στὸν τόπον τοὺς νὰ πάγουν,
Κουμπάρους τοὺς ἐκάμνουσι, καὶ τοὺς καλοῦν νὰ φάγουν,
Καὶ ὅταν θέλει νὰ εὐγῇ ὁ ξένος τον κρατοῦσι
Καὶ ὡσὰν φίλοι τοῦ λαλοῦν καὶ τὸν ἰνουθετοῦσι,
Κουμπάρε λέγουσιν ἡμεῖς θέλομεν τὸ καλόν σου
Καὶ τοῦτα ποὺ σοῦ λέγομεν βάλτα στὸ μυαλόν σου
Καὶ ὑβγαλε τὴν φτρμελὴν γελέκι καὶ ζουνάρι
Καὶ τὸ βραχὶ μπορεῖ κανεὶς ἐχθρὸς νὰ σοῦ τὸ πάρη,
Καὶ νὰ σὶ γδύσουσιν ἐχθροὶ νὰ σοῦ τὸ πάρουν ἄλλοι
Ζημίαν φέρνεις εἰς ἐμᾶς καὶ ἐντροπὴν μεγάλη,
Γιὰ τοῦτο κουμπαροῦλί μου σωστὰ νὰ σοῦ τοποῦμεν,
Καὶ φέσι καὶ τσοκάμισον νὰ φῆσης ἀγαποῦμεν,
Καὶ τὰ παποῦτζια βγάλετα τί χρειάζονται στεσίνα,
Ἔτώρα εἶσαι σίγουρος μὴ σκιάζεσαι κανίναν
Καὶ ἔτζι τὸν ταλαίπωρον τὸν ξένον τὸν ἐγδύνουν
Κατάσαρκον οἱ ἄσπλαγχνοι νὰ τρέχῃ τὸν ἀφήνουν.
'Αν τύχῃ καὶ καμιὰ φορὰ χαράβι νὰ ξεπέσῃ.

'Απὸ ταῖς ἁμαρτίαις του, στὸν τόπον τοὺς νὰ πέσῃ
Φραντζέζικον, σπανιόλικον, ἐγκλέζικον, ἢ ἄλλο,
Ἡ τούρκικον, μοσκόβικον, μικρὸν ἢ καὶ μεγάλο,
Καθένας τὸ μερίδι του, νὰ πάρῃ γέμου θέλει
Καὶ ταῦλες τὸ μοιράζουσι καθόλου δὲν τοὺς μέλλει.
Ἀνθρώπους δὲν ἐντρέπονται Θεὸν καὶ δὲν φοβοῦνται,
Πτωχοὺς δὲν εὐσπλαγχνίζονται, τοὺς ξένους δὲν λυποῦνται,
Πολλὴν ἔχουν ὁμότητα καὶ θηριογνωμίαν,
Δὲν ἔχουν ὁμοιότητα ἀνθρώπινην καμίαν
Ἐτοῦτοι μαγαρίζουσι τὸν τόπον ποὺ πατοῦνι
Γιὰ τί καὶ τὸν διάβολον κοντὰ τους τὸν κρατοῦνι.
Αὐτοὶ τὴν Μάνην τὴν λοιπὴν τὴν κακονομματίζουν
Καὶ ὅπου πάγουν τὸ ὄνομα αὐτῆς τὸ μαγαρίζουν,
Γυναῖκες, ἄνδρες, γέροντες καὶ τὰ μικρὰ παιδία
Δὲν ἔχουσιν ἀπάνω τους ἀνθρώπου μυρωδιαν,
Μὲ τούτους ὅποιος γευτῇ βέβαια μαγαρίζη
Καὶ τὴν ψυχήν του κόλασιν καὶ δὲν τὸ ἐγνωρίζει,
Μηδὲν χαιρετισμὸν κανεὶς δὲν πρέπει νὰ τοὺς δίδει
Ἀλλὰ νὰ φεύγῃ ἀπ' αὐτοὺς ὡσὰν ἀπὸ τὸ φίδι
Οἱ Τζιμποδιότες μοναχὰ εἶναι καλοὶ ἄνθρωποι
Τοὺς μαρτυροῦν τὰ ἤδη τους καὶ οἱ καλοὶ τους τρόποι,
Στὸ φανερὸν πραγματευταὶ καὶ στὸ κρυφὸν κουρσάροι
Μικροὺς μεγάλους ἄνεμος καὶ λίγνη νὰ τοὺς πάρη.
Πλὴν ταῦτα ὅλα γίνονται ἀπὸ τὴν ἀπειθιαν
Αὐτὴ πάλιν προέρχεται ἀπὸ τὴν ἀμαθίαν
'Απὸ αὐτὴν προέρχεται καὶ ἡ ἀσυμφωνία,
Καὶ ἡ ἐπικατάρατος ἡ δεισιδαιμονία,
Πῶς τάχα τὴν παπουδικὴν κρατοῦν ἐλευθερίαν
Καὶ τοῦτο δὲν εἶναι ἄλλο τι παρὰ πολλὴν Μωρίαν
Καὶ δι' αὐτὸ δὲν θέλουν νὰ πείθονται εἰς ἄλλους
Μηδὲ ἀκολουθοῦν ποτε συμφώνως τοὺς μεγάλους,
Ἀλλ' ὅταν τις ἀλλόφυλος ἂν ἠθέλε θελήσῃ,
Νὰ ἔλθη στὴν πατρίδα τους, γιὰ νὰ τοὺς πολεμήσῃ,
Ἐτότες συμφωνοῦν εὐθὺς καὶ τρέχουν σὰν θηρία,
Νὰ δείξουν τὴν ἀνδρίαν τους καὶ τὴν παλικαρίαν.

Au manuscrit de ce poème sur le Magne, qui m'a été donné par mon ami M. Constantin Colocotronis pendant mon séjour en Grèce, était jointe la lamentation suivante de Nicétas sur les infortunes de la Morée :

Ἀποχαιρετισμὸς Νικήτου ἢ θρῆνος διὰ στίχων ὁμοιοκαταλήκτων, δι' ὧν θρηνεῖ τὴν ἑαυτοῦ πατρίδα
ἀποδημῶν, παραπονούμενος ἅμα, καὶ ἐλέγχων τὴν ἀμάθειαν αὐτῆς καὶ βαρβαρότητα,
τὴν προξενοῦσαν αὐτοῦ τὰς διχονοίας μάχας φόνους χαλασμούς,
καὶ πᾶσαν τὴν ἀξιοδάκρυτου αὐτῆς κατάστασιν.

Στὸ κίνημά μου σήμερον, καὶ εἰς τὸν μισευμόν μου,
Νὰ στήσω θρῆνον κοπετὸν ἀπὸ πολὺν καϊμόν μου
Μὲ στεναγμοὺς καὶ δάκρυα θέλω νὰ ἀρχινήσω
Καὶ τὴν μαυροπατρίδα μου νὰ κλαύσω νὰ θρηνήσω
Ἀχ ἄχ. Πατρίδα θαυμαστὴ πατρίδα τιμημένη
Στὰ τετραπέρατα τῆς γῆς καὶ εἰς τὴν οἰκουμένην
Ποῦ εἶναι ἡ σοφία σου, οἱ νόμοι κ' ἡ ἀνδρία
Πῶς τ' ἄγασες πατρίδα μου καθόλου καὶ τὰ τρία.
Ἀχ ἄχ πατρίδα θλιβερὴ πατρίδα πικραμένη
Πῶς ἤσουν πῶς κατάντησες πῶς ἔγινες καϊμένη,
Ποῦ εἶναι ἡ ὁμόνοια κ' ἡ φιλελευθερία
Ποῦ εἶναι ἡ ἰσότητα καὶ ἡ ἀναργυρία,
Ἀχ ἄχ. πατρίδα μου καλὴ πατρίδα ἀγαπητή μου,
Πατρίδα παμφιλτάτη μου, καὶ περιπόθητή μου,
Ποῦ οἱ πρεσβῦτες οἱ σοφοί, οἱ ἄνδρες οἱ γενναῖοι
Οἱ γνωστικοί σου στρατηγοὶ κ' οἱ σώφρονές σου νέοι,
Ἀχ ἄχ. πατρίδα ἐκλεκτὴ πατρίδα μου φιλτάτη,
Πατρίδα φιλινάδα μου, καὶ ἐρρασμιωτάτη
Ποῦ εἶναι τὰ σχολεῖά σου καὶ ποῦ τὰ παιδευτήρια
Καὶ ποῦ τὰ σπουδαστήρια, καὶ ποῦ τὰ γυμναστήρια,

Ἀχ ἄχ. πατρίδα μου γλυκιά ἄχ πῶς νὰ μὴ θρηνήσω
Πῶς εἶναι δυνατὸν ποτὲ νὰ σὲ ἀλησμονήσω·
Ποῦ τῶν γερόντων ἡ τιμή, ποῦ ἡ δικαιοσύνη
Τῶν νέων ἡ εὐπείθεια ποῦ καὶ ἡ σωφροσύνη ;
Ἀχ ἄχ. Πῶς εἶναι δυνατὸν ναὕρω παρηγορία,
Ὅταν θωρῶ τῆς χώραις σου καὶ ὅλα τὰ χωρία
Εἰς τέτοιαν κατάστασιν κατὰ πολλὰ ἀθλίαν
Ἀνάμεσόν τους παντελῶς κακὴν ἔχουν φιλίαν
Ἀχ. ἄχ. Νὰ εἶχα δάκρυα ποταμηδὸν νὰ τρέξουν
Νὰ πέσουν στὴν πατρίδα μου νὰ τὴν ἐκαταβρέξουν.
Διότι ἤτον ζωντανὴ ποτὲ καὶ ξακουσμένη
Καὶ τώρα βρίσκεται νεκρὰ καὶ καταβρομισμένη,
Πατρίδα μου, πατρίδα μου ἡ πολυδοξασμένη
Εἰς ὅλα τὰ βασίλεια, τοῦ κόσμου ξακουσμένη
Ποῦ εἶναι τώρα ἡ τιμή, τί ἔγινεν ἡ δόξα
Ποῦ εἶναι τὰ κοντάρια, τί ἔγιναν τὰ τόξα,
Πατρίδα μου, πατρίδα μου ἡ πρῶτα τιμημένη
Πῶς τώρα γίνες [illegible] καταφρονεμένη,
Τῆς λαμβάνες [illegible] ἰδλεπᾶν οἱ ἀντικείμενοί σου
Κ' εὐθὺς [illegible] κλνουντα, καὶ ὑπακείμενοί σου.

PARIS. — IMPRIMÉ PAR PLON FRÈRES, 36, RUE DE VAUGIRARD.

www.ingramcontent.com/pod-product-compliance
Ingram Content Group UK Ltd.
Pitfield, Milton Keynes, MK11 3LW, UK
UKHW022329070726
13614UKWH00003B/1015